徳間書店
The Anatomy of Loneliness
How to find your way back to connection
ティール・スワン Teal Swan
奥野節子＝訳
なぜ
「孤独感」を
感じてしまうのか
あなたの魂を癒やす自己カウンセリングとワーク

なぜ「孤独感」を感じてしまうのか

◆日本の読者の皆さんへ

世界的に経済や科学技術が進歩するにつれて、集団よりも個人を優先する社会に変化していきます。このことは、私たちを自由にするだけでなく、孤立化も強めます。特に、和を重んじる日本文化にとっては、分離を招くことにつながるでしょう。

一人ぼっちには、さまざまな形態があります。ある人は、生涯独身だったので一人でいるのかもしれません。ちなみに、日本人の約20％がこの範疇《はんちゅう》に当てはまります。離婚して一人になった人もいます。日本では、カップルの3組に1組が離婚しています。また、配偶者を亡くしたり、年をとった結果として一人になる人もいます。高齢者は孤独に対して非常に弱いと言われています。日本の2017年の調査によると、一人暮らしの高齢男性の15％が「人と話したのは2週間に1回以下」だということが明らかになりました。家族や友人と離れて暮らしているために一人の人もいます。

しかし、最も大きな問題となる一人ぼっちは、家族や友人や同僚の中で孤立しているというものです。つまり、同じ部屋に一緒にいても、相手に見てもらえず、聞いてもらえず、理解してもらっていないように感じているのです。同じ部屋にいるあなたと他の人たちの間には、感情的に深い谷間が存在します。

日本では、一人でいる人がますます増えています。日本の家庭の3分の1以上が、一人暮らしです。

今の時代は、一人で暮らしながら、活気に満ちた社会生活を送ることは可能です。しかし、日本人の多くはそうではありません。OECD（経済協力開発機構）によれば、日本人の15%が、家族以外と社会的な交流を持っていないと報告しています。15%というのはOECDの加盟国で最も高い数字であり、それはつまり、地球上で、日本が最も孤独な国であることを示唆《しさ》しています。

この本を読めば、これが日本で自殺率の非常に高い理由であるとわかるでしょう。

日本人の専門家の中には、孤独が自己認識のために必要な手段だと主張する人もいます。しかし、その考えは、日本で広く行われている子育てのやり方、つまり癒着と呼ばれるものから来ていることを彼らは見落としています。癒着していると、親は自分の子供を、ユニークな願望やニーズ、思考や感情、運命を持った独自の存在として理解していません。そのような場合、個人的な境界線が曖昧になり、侵害されやすくなります。子供は親の願いやニーズ、考えや感じ方に合わせようとして、次第に自分自身がなくなっていくのを感じるでしょう。

このようにして、「他人と一緒の時には、自分自身でいられない」という状況が生まれてきます。結果として、一人でいる時にだけ、自己の感覚を持ち、自分自身のことを知っていると感じられるのです。つまり、彼らは関係性において傷を負い、周囲に人がいない時にだけ本来の自分でいられるということです。

孤独は、人生の明るい見通しを打ち砕いてしまいます。

孤独になると、他人によって傷つけられると感じ、他人に対する興味を失い、他人に思いやりを持てなくなるのです。もし日本の孤独感がこのまま続くようであれば、日本人の孤立化はますます進み、寛容さが失われていき、他人に対してますます厳しい社会になるでしょう。

私たちは、お互いの存在なしには生きていけません。どこの国に住んでいようと、私たちはお互いを必要としています。このことを早く受け入れれば受け入れるほど、あなたの人生はもちろんのこと、世界中に蔓延する孤独という病を早く癒《い》やすことができるのです。そうすれば、もっと優しさに満ち、安全で寛容な温かい社会になり、私たち全員が自分の居場所を見つけることができるでしょう。

それは、周りに他人がいても、ありのままの自分でいていいと感じられる場所です。一人ひとりが、本当の自分について聞いてもらい、見てもらい、理解してもらっていると感じられる場所です。

皆さんが勇気を持って、孤独に終止符を打ち、人類全体の中のつながりを修復する先駆者になろうとしてくれていることに感謝します。

愛を込めて

ティール・スワン

『約束』

今ここで私に約束してください。
どんな時でも私に約束してください。
たとえ計り知れない憎しみや暴力によってあなたが倒されても、
たとえあなたがバラバラに打ち砕かれても、
誰一人として、あなたの敵ではないのだと……。
唯一価値のあるものは愛だけです。
無条件で、揺るぎない、無限の愛だけです。

ある日、恐れや憎しみや貪欲から解放されて
あなたが、この世界と向き合った時、
仲間はあなたの本当の姿を見てくれるでしょう。
何千という輪廻転生のサイクルを終え、
あなたの喜びは永遠のものになります。
空に昇る太陽も月も
あなたの喜びが色あせるのを目にすることはありません。

目次

第1章

分離――孤独をもたらす三つの闇

第2章

恥——孤独をもたらす三つの闇

第3章

恐れ――孤独をもたらす三つの闇

第4章

つながりを創造する 189

第5章

つながりを維持する

装丁　坂川栄治+鳴田小夜子(坂川事務所)
カバー写真　Lauren Bates/Moment Open/Getty Images

はじめに

◆孤独感を生む三つの闇

私たちはつながりによって誕生します。そして、母親が私たちに自分の乳房を押し当ててくれた瞬間から、つながりがもたらす安全さや温かさの中で育てられます。赤ん坊は、母親と自分自身の違いを知覚することができません。ですから、そのワンネスの状態が、本当の自分に最も近いと言えるでしょう。お互いが近すぎて、「私は誰？」という質問をすることさえありません。私たちは区別されていないので、そうする必要がないのです。

つながりが与える快感の中には、ただ存在することの深い静けさがあります。人生において、私たちは足りないものを手に入れるために動くのではありません。むしろ、何かをするのは、ありのままの自分を表現するためです。そのような存在のあり方が、私たちにとって最も自然です。そして、これこそ、私たちが失ってしまったつながりの状態なのです。

この本では、自分に何の落ち度もないにもかかわらず、なぜ自然のつながりの喪失が起こってしまったのか、それに対してどうすればよいのかを説明します。この自然のつながりの喪失は、あなたに深い孤独感と絶望的な苦しみを抱かせるでしょう。でも、あなたが生まれながらに持つ、素晴らしいつながりの感覚を取り戻す方法があるのです。

◆はじまりは自分の孤独と向き合うこと

私たちは、何十億もの人間がいる地球で生きています。けれど、ほとんどの人たちは、心の奥で自分は一人ぼっちだと感じています。私は何年もかけて世界中を旅し、人種も年齢も職業も異なるさまざまな人たちにスピリチュアルな教えを伝えてきました。そして、多くの人が一人ぼっちだと感じていると知り、孤独感は、見た目以上に複雑な問題であると痛感しました。単に他人が近くにいるかどうかというのではない、その深い孤独こそ救済が必要なのです。

でも、この伝染病のような孤独感に気づいた時、私はまだ、それに対する答えを持っていませんでした。なぜなら、私自身も同じように感じていたからです。

孤独という言葉は、親密さを必死に求めている苦悩の状態を表すのに適切だとは思えません。

私の人生は、孤独によって苦しめられました。スピリチュアルリーダーのキャリアとともに得た名声は、虫眼鏡のように孤独を強調しただけにすぎませんでした。私はこれまでの人生で、自分が人から見てもらい、聞いてもらい、理解してもらい、望まれていると感じたことが一度もなかったのです。

名声によって、私が心の底からほしかった親密さは、ますます手の届かないものになりました。外の世界では、みんなが私を高く評価し、望んでいるように見えましたが、真実はそれとは正反対でした。人々は、以前にもまして私を見ておらず、感じることもなく、理解もしてくれていなかったのです。

私は人々に囲まれていましたが、私の持つ唯一の価値と、他人が私を望んでいる唯一の理由は、私から得るものがあるということでした。

解決法もないような問題に直面している時、そこには一つの選択肢しか残されていません。つまり、自分でその答えを探すということです。

私は自分が、未知の領域における先駆者になっていることに気づきました。そして、孤独は、地球上における苦しみの最大の原因であり、誰もがさまざまな対処法を駆使してそれを避けようとしているとはっきりわかったのです。

けれど、何かを避けながら、同時にそれについて学ぶことは不可能です。ですから、私は、正反対のことをしようと決めました。昔のスピリチュアルティーチャーたちは、宇宙について理解を深めるために、砂漠や洞窟へ一人で向かったと言われています。私も同じ方法をとることにしました。一つ違うのは、実際に洞窟の中へ入るのではなく、中米でシャーマニック・ジャーニーを行い、孤独の中へと一人姿を消すことにしたのです。そうすることで、悪魔の顔を直視しようと決心しました。

そのプロセスは、1年余りかかりました。孤独そのものと向き合い、その構造をしっかり分析することで、私は孤独と正反対のものを理解することができました。はっきりと孤独を見ることで、私はつながりについて明白に知ることができたのです。そして、再び世の中に戻った時、私は人々に孤独とつながりについて教える準備ができていました。自分のハートとマインドと肉体の中で、新しく見つけた理解によって、この本を書きました。

本書は、私の雑多な手記から生まれたものです。メモを取った紙には私の涙の跡が染み付いていることもありました。シャーマニック・ジャーニーへと向かう時、私はバックパックにたくさんの紙を詰め込んでいきました。

この本は、実質的に、私の中から自然に生み出されたものだと言えるでしょう。この情報を使って、私は、自分の人生はもちろんのこと、私のコミュニティにいるすべての人たちの孤独感をつながりへと変えることができたのです。

無意識は、一つの世代から次の世代へと伝わる遺伝子のようなものですが、目覚めについても同じことが言えます。この本の情報が地球全体へと広がっていき、やがて、地球上に住む何十億という人たちが、誰一人として一人ぼっちだと感じていないような世界が実現することを願っています。

◆つながりを喪失するというトラウマ

誰もが、つながりの感覚を喪失した時期についてさまざまなストーリーを持っています。すべての人がまだ若かった頃、どこかの時点で、神の恩寵《おんちょう》を失うという経験をしました。つまり、つながっているという直感的な深い感覚を喪失したのです。

その結果、ほとんどの人は、果てしない綱引きをしながら残りの人生を過ごすようになりました。その綱引きとは、どんなことをしてもつながりを取り戻したいという自分の一面と、何が何でもつながりを避けようとする自分の一面の間でなされているものです。

つながりを喪失するという苦痛は、私たちが経験する最も深刻な形のトラウマです。トラウマは私たちを断片化し、バラバラにしてしまいます。それは、均衡を混乱へ、静けさをパニックへ、調和を闘いへ、喜びを苦しみへと変えてしまいます。

このトラウマに出会うと、私たちはまるで灰色の眼鏡をかけたようになります。そして、ほとんどの人がその眼鏡をかけたまま残りの人生を生きることになります。私たちは、この苦しみのレンズを通して、世の中のすべてのものを見るのです。それを通して、自分は周囲の人や物から切り離されていると認識します。そして、自分は一人ぼっちだと感じます。

人間の苦しみとは、何十億という人と一緒に生きながらも、それぞれの人が一人ぼっちだと感じているということです。断絶というトラウマによって、私たちは自分が〝他〟とみなす周囲から断絶されていると思います。

この断絶は私たちに苦しみを生じさせますが、それだけでなく、世界中の人々を苦しめるのです。なぜなら、自分は断絶されていると認識した時、私たちは根本的な真実であるワンネス（すべて一つである状態）を感じることができないからです。その結果、自分でも気づかずに、他のものや他の人たちに苦しみを与えてしまうでしょう。

◆断絶という苦しみ

断絶は危険で、苦しみを伴うものだという考えは、理論的で抽象的に思えるでしょう。けれど、それが長い間、多くの人たちが人種差別を受けている理由なのです。

肌の色が黒いというだけで、人々は家族から引き離され、奴隷になり、焼かれ、鞭打たれ、リンチされてきました。同様に、1940年代には、ナチス政権によりユダヤ人や他の民族を一掃するアウシュビッツのような死の収容所が作られたのです。

また、アメリカ政府は、1945年に広島に原爆を投下しました。1979年には、ポルポト政権がカンボジアの全人口の21%を虐殺しました。そして、今日でも、自分たちが敵とみなした人たちに恐怖と破壊をもたらすために、自分の身体に爆弾を巻きつけて、自分もろともそれを爆発させる訓練を受けている人がいるのです。

あらゆる犯罪は、その犯人が、自分は切り離され、断絶されたと認識しているために起こります。ですから、分離は、私たちが人生で経験する最大の苦しみであるだけでなく、地球上で最も危険なものなのです。

◆分離の最も深刻な形

良識あると思われているこの世界で、なぜこのような絶望的な状況が起こり続けているのでしょうか？　それは、そばにたくさんの人がいるだけでは解決されない孤独感のせいです。

実のところ、最もつらい孤独感は、人があふれている部屋の中で感じられる寂しさです。人々に囲まれている時でさえ、つながっていると感じられない孤独感は、食料品店にいながら餓死しそうになっている苦しみと似ています。私がこの本で取り組んでいるのは、そのような種類の孤独感です。

「白を知ることによってのみ、黒を知ることができる」ということわざがあります。言い換えるなら、対比することによってのみ、私たちは正反対のものについて深く知ることができるのです。つまり、孤独を知ることによって、つながりについて明確に知ることができるでしょう。

私たちが、この本によって得られる進歩は、気づきに関する宇宙の原則と完璧に一致しています。あなたは、まず孤独を知ることによって、つながりを知るようになるのです。最初に、澄んだ目で孤独を見つめ、純粋なハートで孤独を感じることで、つながりを取り戻すプロセスを始めます。あなたは、孤独を完全に理解することで、つながりを理解するでしょう。

◆孤独を生み出す三つの要因

孤独感を生み出す大きな要因は、次の三つです。そして孤独を終えるための答えも、その孤独の構造の中に存在するのです。

1　分離
2　恥
3　恐れ

これら三つの極めて重要な要因と、それらがあなたの人生にいかに関係しているかを次章から説明していきます。これらをしっかり理解してもらった後、本書の最後の二つの章で、自分の人生で再びつながりを創造し、すべての人間関係においてそのつながりを強固に保つための実践的な方法を提供します。

第1章

分離――孤独をもたらす三つの闇

◆なぜ分離が生じたのか

孤独をつくりだす最初の要因は、分離です。

分離の起源は、人間が存在するずっと前に遡ります。分離を理解するために、危険を承知で存在の真実へと一歩を踏み出してもらわなければなりません。私たちがいつも神あるいは源（大いなるすべて、創造エネルギー）と呼んでいるものを、一つの統合意識として思い描いてください。それが存在するすべてのものだと想像してみてください。

あなたの脳は、単一性の世界である物質世界のために作られているので、そのように想像するのは思うほど容易ではないかもしれません。脳は、ワンネスを理解できるようには作られてはいません。脳は有形の一つの物についてしか考えられないのです。

でも、あなたが一つの物について考えた瞬間、それが別の何かと分離することを意味しています。たとえ、別の何かが単なる空っぽの空間や空気であろうとです。その一つの物は定義され、始めと終わりを持つことになります。

あなたは自分のマインドを引き伸ばして、始めも終わりもない意識を想像できますか？　すべてを包括し、その一部でない物は何も存在しないような意識を想像できますか？

この意識を、考え、知覚できる無限の海洋のようなものとして想像してもよいでしょう。その中に存在するのは、海洋を構成している水だけです。あなたは一滴の水です。あなたの親友も、最大の敵も、テーブルも、あなたの愛犬も、あなたが食べたばかりの人参も、あなたが今読んでいる言葉も、あなたが考えている思考も、すべて一滴の水なのです。

存在するものすべてが異なる外見を持っているのは、同じエネルギーの異なる表現だからです。それらはすべて、海洋をなす水であり、それゆえに同じ意識を持っています。神や源でないものは何一つありません。これがワンネスの真の意味なのです。

では、源が、「私は一体何なのだろうか?」という思考を持ったと想像してみてください。あなたは、この思考を、源の中に芽生えた自己意識への気づきだと考えることができるでしょう。この思考は、その性質ゆえに区別され、ワンネスに真っ向から反するものになります。そのただ一つの思考が、宇宙のワンネスにひびを入れました。その時初めて、源は親密な関係にあるものは何もないという苦悩を感じ始めたのです。

次に、それは自分自身の中に分裂を創造し、自分自身を孤立したものとして認識しました。それは、言いようのないほどの孤独感でした。無制限に細胞が分裂しているように、その思考はワンネスをバラバラにし、分裂したものがさらに分裂を生みました。そして、まもなく、分裂した部分は、もともと自分は何の一部であったのかさえ忘れ始めたのです。

この分離という幻想は、転換点のようなものでした。その時点から、ワンネスの中にある分裂したもののすべてがワンネスを認識しなくなったのです。それらは、〝自己〟と〝他者〟を認識しただけでした。これが、分離した自己の感覚であるエゴの誕生であり、そして関係性の誕生です。さらに、それは愛着の誕生でもあります。

源の異なった側面は互いに敵のようになります。それらは自分たちを一つのものだと見ることができません。そして、互いに切り離されたものだと考えるのです。ですから、相手をやっつけようとしたり、逃げたりします。つまり、押したり、引いたりを始めるのです。

〝他者〟がいないということではなく、自分の中の全体性を喪失したことによって深い孤独の痛みが生じるというこの考えは、個人としての私たちにとって、重要な意味合いを持ちます。私たちは、源意識が分裂したものなので、源とちっとも変わりません。孤独の最初の柱は、自分の中の断片化と関係しています。外側の世界における断片化は、あなたの内側の世界の断片化を反映したものにすぎません。

◆私たちは生まれてから内側での断片化を進めている

妊娠中や出産時のトラウマを経験していない限り、ほとんどの子供は完全な状態で生まれてきます。でも、その全体性が、長続きすることはありません。なぜなら、私たちは、家族に依存した状態で生まれてくるからです。家族は、まだ十分に進化していない社会に私たちを適合させようとします。それが問題を生み出すのです。基本的に、私たちは、自分のある側面は受け入れられ、他の側面は受け入れられないということを学びます。

何が受け入れられ、何が受け入れられないかは、あなたが生まれた家族の見方によって決まります。受け入れられない（ポジティブなものでもネガティブなものでも）と考えられた側面は、家族から拒絶されるか、あるいは、追い払われます。そして、受け入れられると考えられた側面は退けられず、取り入れられます。本質的に、周囲にいる人たちが、彼らや彼らの人生の一部に加えたいと思った時にだけ、私たちは愛を示してもらえるのです。

ですから、生き延びるという名目で、子供の私たちは、承認されなかった自分の側面と縁を切り、否定し、抑圧する一方で、承認された側面を大げさに示しながら、自分の環境に対処し、自分自身を守ろうとします。

私たちが本当にしていることは、承認されないと知ったものを解離することです。このことは、自分の内側に分裂を生じさせますが、それが顕在意識と潜在意識と呼ぶものになります。ここで、「人格」が誕生します。自己保存の本能が、最初に自己否定や断片化を生み出すのですから、皮肉なものです。それは、源意識が自分を定義しようと考え、ワンネスではなく、結果として分裂を生み出してしまった時に、源の内側で起こったプロセスを映し出しているのです。

人は誰でも、矛盾したいくつかの特性を含む一つの人格を持つと考えられています。でも、実は、あなたは、いくつかの人格から構成されているのです。最も優勢な人格は、あなたが育った環境において、苦痛、特に拒絶からあなたを守っているものです。

これらの人格は、私たちの内側に住んでいますが、私たちは彼らがそこにいることさえ知りません。私は、これらの隠れた人格を、「インナーツイン（内なる双生児）」と呼んでいます。このプロセスの最中にあなたが経験したトラウマの程度によって、あなたの内部の断片化がどれくらい深刻なものかがわかります。もし深い孤独をいつも感じているようなら、断片化は深刻なものかもしれません。

私たちの中には、これらのインナーツインが複数存在します。彼らはそれぞれ目的を持っており、それについては、この本で何度も取り上げることになります。それが理解すべき重要な概念であり、そのダイナミクスをすべて理解した時、あなたの世界は変わり始めるでしょう。

◆インナーツインはどのように生まれるか

怒りの表現が許されない家族に、赤ん坊が生まれたと想像してみてください。その子供は怒りを感じるたびに恥ずかしい思いをし、子供はその家庭で生き延びるために、その感情を抑圧し否定することを学びます。けれど、怒りが消えてしまうわけではありません。それはやがて潜在意識に刻み込まれます。

その子供が大人になると、自分の中に怒りがあることさえ気づいていないでしょう。過去に自分のその側面を否定したので、自分自身をはっきりと見ておらず、見ることもできません。ですから、もし他人から「あなたは随分怒りっぽい人ですね」と言われても、それが自分のこととは到底思えません。おそらく、自分はおおらかな人間だと思っています。

しかし、私たちが何かを否定し、抑圧し、縁を切っても、それが消えてなくなるわけではありません。それは、私たちの顕在意識から消えてしまうだけです。もしそれを認めるように言われたなら、最初に拒絶された時と同じ恐れがやってきて、また家族から見放されるのではないかと、死にたい気分になるでしょう。このような理由から、自分自身を認識することは容易なことではないのです。

社会化された人間、つまりほとんどすべての人間は、自分自身をバラバラに分裂させた否定というこのプロセスを経験しています。そして、その分裂したある部分を所有し、ある部分とは縁を切りました。このような自己否定こそが自己嫌悪を生み出すもので、私たちの感じている深い孤独感は、自分の一部が拒絶されたり、縁を切られたりしたことから起きているのです。

魂は一つのことを望んでいます。つまり、それは私たちが全体性を取り戻すことです。私たちは人生を歩みながら、全体性に戻るためのありとあらゆるチャンスを提供されます。けれど、再び全体性に戻るには、自分が縁を切り、否定し、拒絶した自分自身の側面と向き合い、受け入れる必要があります。これは大変つらいものです。

私たちの内部の主たる分裂は、潜在意識と顕在意識です。しかし、潜在意識と顕在意識の中には、複数の断片が存在しています。大げさに見えるあらゆる人格特性に対して、それと釣り合う正反対の部分が潜在意識の中に存在するのです。たとえば、子供時代に、自分の傷つきやすさが弱さだと家族に思われ、そのせいで拒絶されるようなつらさを経験したなら、その人は傷つきやすい側面を自分の意識の奥深いところへ葬るために、その部分を断ち切るでしょう。そして、外見上、不屈でたくましい人のように振る舞うのです。それが、その人が世の中に対して見せる人格になります。

それでも、もともとの傷つきやすい部分がなくなったわけではありません。それは深いところへ埋められただけです。埋められているので、傷つきやすい自己のニーズを満たすことができません。その結果、そのエネルギーは、目立たないように巧みなやり方で表現されるようになります。つまり、その後、二つの人格の間でその人の身体を乗っ取るための闘いが起こるようになるのです。

これら二つの人格特性はまったく異なっているだけでなく、まったく異なるパラレルな知覚的現実を生きているということに注目してください。

私たちは、医師や心理学者に診断されて、初めて多重人格者だということを認めます。しかし、現実には、誰もが複数の内なる人格、つまり何人もの「インナーツイン」を持っているのです。

これらの人格は、異なる人格として現れるわけではないことを覚えておいてください。それらは、外側の世界で、あなたが出会う状況によって現れる「存在の状態」のようなものです。たとえば、これらの人格の一つは、突然、相手との今の関係性に終止符を打って自由になりたいと思うかもしれません。同じ日の少し前、相手のことが好きでたまらず、将来を共に過ごしたいと思っていたにもかかわらずです。

あなたが縁を切り、否定した自分の側面は、あなたにはまったく見えませんが、他人には明らかであることに気づいてください。もちろん、もし何かに対して強い嫌悪感があったとしても、初めは、自分自身の中にそんなものがあることなど認めないでしょう。

もう一つ明らかなのは、私たちが他人の中の何かを嫌いであればあるほど、かなり前に自分の中にある同じものを拒否した経験があるということです。その反対のことも言えるでしょう。他人の中の何かを愛していればいるほど、私たちは、自分の中にあった同じものを泣く泣く断ち切ったことがあるということです。このように、他人に対する極端にネガティブな反応や極端にポジティブな反応は、実際、自己認識を高めるための素晴らしいチャンスになります。

断片化のプロセスを逆転させる

断片化のプロセスを逆転させるには、自分自身のあらゆる側面に、意識の光を招き入れるためのスペースを生み出すことが必要です。このプロセスを促すために、次のステップを試してください。

1 特にパートナーのような人について、あなたが嫌っているその人のネガティブな特性を見てみてください。彼ら（彼女ら）の何があなたをイライラさせるのでしょうか？

2　あなたが嫌っているものの背後にあるポジティブな意図を発見しましょう。その特性は、何からあなたを守ろうとしているのでしょうか？その特性があなたの人生に存在しているポジティブな意図は何でしょうか？もちろん、その答えは、あなたが傷つかないようにするということに一致しているはずです。

3　そのネガティブな特性と反対のもの（ポジティブなもの）をなぜ拒否したのか自問してください。たとえば、もしあなたが怠け者なら、子供の頃、なぜやる気を持つことは悪いことだったのでしょうか。

4　どんなに否定したいと思っても、他人の嫌いな性質は、自分の中にあったあなたが拒絶したものを映し出しているのです。
でも、自分を守ろうとすればするほど、他人の嫌いな性質はあなたとはまったく関係ないように見えるでしょう。「私は全然そんなふうではない」と自分に言っていたとしても驚かないでください。それは自然なことです。

5　他人の持つ性質で、あなたが嫌っているものと自分がいかに似ているかに気づくために、自分の弱さを認め、自分の心を開くようにしてください。特に、パートナーや子供や両親に対してそうしましょう。

ここで二つの可能性があります。つまり、あなた自身が、他人の嫌いな性質とよく似た部分を持つ場合か、もしくは、あまりにも強く拒絶しているので、決してそれと同じことはしていないかのどちらかです。

6　もし自分だけでは難しいようなら、他の人々をこのプロセスに招き入れましょう。これは謙虚な一歩です。自分に抑圧した何かがあるかどうか知るよい方法は、誰かから指摘されたことがあるかどうかということです。ですから、あなたに関して、人々からの共通した不満や不平がなかったか振り返ってみてください。

もう一つの方法は、一番親しい人たちに、あなたのネガティブな性質を書いてもらい、親しい人が指摘したものに注目することです。親しい人があなたについて言ったことで、あなた自身を悩ませているものに、特に注意を向けてください。

7　立場を逆にして、ネガティブな性質そのものについて自分自身に尋ねてください（ステップ3で焦点を当てたポジティブなものではなく）。言い換えれば、なぜそのネガティブな性質をあなたの人生で表すことは危険で、正しくないことなのでしょうか？　たとえば、怠けることは、なぜよくないのですか？

8 他人や自分の中にあるあなたの嫌いな性質について、好意的意見を見つけてください。その際、自分に嘘をつくことはしないように。自分が嫌いなものを好きと言うことはできません。でも、ネガティブな性質の中に、あなたが好きなポジティブなものが存在するかもしれません。たとえば、冷酷な人は、他人が自分のことをどう思うか気にしない、というようなものです。

9 あなたの嫌いな人の側面は、あなた自身の抑圧された一面でもありますが、それを自分の役に立つやり方で採用してください。これは、怠け者になりなさいとか、冷酷になりなさいという意味ではありません。そうではなく、少し休みを取りなさい、あるいは、みんなにイエスと言うのはやめなさい、というような意味です。

次のことを考えてみましょう。怠ける人のポジティブな側面は何でしょうか——彼らは恐れずに自分のために休息をとります。ですから、縁切りしたこの側面を採用すれば、あなたは休息を取れるようになるでしょう。

このような試みは、あなたを全体性とインナーツインの統合へと近づけ、内側での闘いが起こらないようにしてくれます。

◆私たちはたくさんのインナーツインを持っている

私たちは常に、ずっと前に自分の中で拒絶したものをジャッジ（判断・批判）します。しかし、ジャッジメントはそんなに悪いものではありません。あなたは自分に対して止めるように言うことだけでは、自分が何かをするのを止めさせることはできません。

あなたにできるのは、あなたのポジティブなジャッジメントとネガティブなジャッジメントの両方、特に、あなたのパートナーのような親密な人たちのジャッジメントを使って、あなたが自分の中で拒絶したものを発見し、それを統合することです。そうすれば、私たちのよい悪いというジャッジメントは、客観的な観察へと変化するでしょう。

私たちに否定され、傷つき、隠れてしまったインナーツインの自己を認め、しっかり向き合った時、彼らのニーズを満たすチャンスが与えられます。その側面が全体性に近づくために、あなたは何を提供できるでしょうか？　答えは、それを愛してあげることです。これが、自分自身に対して、そしてお互いのためにとるべき方法なのです。

もっと理解を深めるために、あなたの身体を容器のようなものだと考えてください。その容器の中には、さらに小さな容器がいくつも入っているとイメージしましょう。ある人の容器には、他の人よりもたくさん小さな容器が入っています。それぞれの容器に、個性や信念、恐怖やトラウマ、嗜好や望み、ニーズなどを持つ一人の人間が入っています。それぞれの人にはエゴがあります。

今あなたは、私たちが単一の人間ではないとわかったはずです。あらゆる人のように、あなたは多くの部分からなっているのです。小さな容器の中にいる各々の人は、私たちの内側にいる一部です。これらの部分は、成長や発展のさまざまな段階で存在します。

トラウマの結果、私たちの意識が分裂すると、私たちのエゴも二つに分裂します。これは何度も繰り返して起こります。そして、私たちの自己の感覚は断片化してしまいます。ですから、身体は一つしかありませんが、その身体の中に複数の自己を持ち、インナーツインがたくさんいるということになるのです。

私たちは、特定の自己が容器の外へ出ることを許します。そうすると、彼らは私たちの身体を使って行動し、人々と交流することができます。特定の自己の部分が容器から出て、私たちの身体を「乗っ取る」たびに、彼らの知覚や信念、恐怖やトラウマ、望みやニーズが、私たちという存在のすべてだと誤解するかもしれません。でも、この隠れたインナーツインは、私たちの小さな一部分に過ぎず、さらにそれは満たされていない不幸な部分なのです。ですから、これが起こっている時、そのことに気づけば、大きな変革をもたらすことができるでしょう。

◆分離したインナーツインを一つにする

ここまでの説明で、宇宙は鏡のように機能しているとわかったのではないでしょうか。それなら、次のことは理にかなうでしょう。つまり、もし心身ともに衰弱するほどの孤独感を経験しているなら、それはあなたのインナーツインの間で起こっているものだということです。彼らはお互いにつながっておらず、仲がいい関係でもありません。その理由は、インナーツインの中にはまったく違う現実を経験しているものがいるからです。

このことをもっとよく理解してもらえるように、たとえ話を紹介しましょう。

以前一緒にワークした女性は、自分のインナーツインの一つが、彼女を守る責任者であり、騎士のような姿で現れたと言いました。この騎士は、2番目のインナーツインで、牢獄にいる美しい乙女を守っていました。騎士は、この乙女が牢獄にいることで危害から守られ、いい気持ちでいると確信していました。これが騎士にとっての現実でした。

そこで、これら二つのインナーツインを統合するために、私たちは、騎士の向きを変えて、乙女と向かい合ってもらいました。その結果、騎士は、乙女が大丈夫ではないことに気づいたのです。騎士は、乙女が感情的に飢え、床の上に手足を投げ出し、死にかかっているのを目にしたのです。

それだけではなく、この乙女が閉じ込められている地下牢の背後には、巨大な裂け目があり、そこに評価者のような人格を含む別のインナーツインたちがいて、あわよくば中に入り、乙女を息が絶えるまで殴ろうとしていたのです。これが、乙女のインナーツインが何年も経験していた「現実」でした。けれど、その間ずっと、騎士のインナーツインは、すべてうまくいっていて、彼女は安全でよくケアされていると信じていたのです。

私がワークしていた女性は、最初はひどい孤独を感じるという理由で相談に来ていました。そして彼女の内なる世界を探求した時、これら二つのインナーツインが同じ現実を得られるようにすることが、きわめて重要になったのです。私たちは、二つのインナーツインに対して、お互いの観点に気づき、共通の理解を持ってもらうことにしました。もしあなたが深刻な孤独感に苦しんでいるなら、これをあなたもする必要があります。

彼らを同じ現実へと連れて行くよい方法は、あなたの心の中に、彼らが一緒になれる場所を作ることです。騎士と乙女の同じシナリオを使って、騎士のインナーツインが、自分の現実は彼女の現実とまったく違っていたと認めた時、騎士の人格は、乙女のフィーリングやニーズ、思考や彼女にとっての真実を受け入れることができました。彼らは、一緒にホビットの村に行くことにしました。そこで、乙女は居心地のいいホビットの家で元気を回復し、それを騎士は見守ることができたのです。そして、騎士と乙女は、信頼できる他の3人のインナーツインたちから助けを受け取ることに決めました。

自分の内側で分裂が起きた時はいつも、その二つの側面は、同じ現実を経験していなかったり、認識していない可能性が高いと言えます。お互いの現実を受け入れるように導けば、彼らは3番目の現実へとたどり着きます。それは、両者が同意し、住むことができる場所です。両方のインナーツインがお互いの姿を見て、話を聞き、理解し合い、気持ちを感じられるようになるでしょう。何よりも、自分と同じ考えを持ち、同じ現実に生きている人にそばにいてもらえるようになるのです。

あなたの内側にいるすべてのインナーツインが一つになり、別々の現実の中にいて寂しいと思うことがなくなれば、あなたの人生でも孤独を感じることがなくなるでしょう。

そもそもあなたが寂しいと感じる理由の一つは、自分の中の分裂したもの、つまりインナーツインが、分離した感覚に苦しみ、一人ぼっちだと感じ、自分の本質とつながっているという気づきから切り離されているからです。あなたが内面的につながって、統合されていけばいくほど、あなたは友人や愛する人たちと、親密かつ長続きするやり方で、真のつながりを築くことができるでしょう。

このたとえは、単なる理論にすぎないように思えるかもしれません。しかし、時間をかけて意識的に見ていれば、やがてあなたは自分の中にいるこれらの人格を認識し、それらが互いに戦争状態にあることがわかるでしょう。

瞑想や静かな時間を持つこと、日記をつけることが、自分の内なる自己と親しくなるのに役立ちます。そして、もちろん、他人の人格的な性質が嫌いだとか大好きだという事実も利用できます。その同じ性質が、あなたのインナーツインの中に隠れていることを示唆するからです。彼らは、認識やヒーリングや統合を必要としています。

◆自分が同一化しているものを理解する

アイデンティティとは、他とはっきり区別される自己の状態です。別の言葉を使えば、エゴということになります。

あなたは、他人がいなければ、自己の感覚を持つことはできません。何かが自己と関連づけられると、それと一体感を持ちます。そして、それは自分の一部になるのです。これが、同一化です。

多くの偉大なスピリチュアルティーチャーたちは、外側のものとの同一化をやめることの重要性を強調しています。特に重視しているのは、他人との同一化です。しかし、私たちに大きな苦しみをもたらすのは、外側のものとの同一化ではない、というのが私の意見です。それよりむしろ、自分の内側にあると認識したものとの同一化が問題になるのです。

特に、私たちのほとんどが、自分の三つの側面、つまり、「身体、思考、感情」と同一化しています。本質的に、この三つのそれぞれの側面は、源意識の異なる表現です。

私たちは、これらの表現を、自分という存在のすべてだと勘違いすることがあります。それはちょうど、画家が、自分の描いた絵と自分を同一化しすぎて、自分は誰であるかということ、自分はその絵よりも大きな存在であることを忘れてしまうようなものです。

私たちは、自分の身体や思考や感情が自分自身だと考えてしまいがちです。それゆえ、これらのものに執着するようになり、それが苦しみを引き起こすのです。耐え難い感情、痛みを伴う身体、苦痛を与える思考を持つ時、私たちは苦しみ、人生が拷問であるように思うでしょう。

そこで、自分自身の拒絶にもつながるリスクは承知の上で、それらとの同一化を手放してみてください。バラの花びらが落ちるように、それらを手放していきましょう。

それは、あなたの意識的な気づきをもたらすことで可能になります。逆に無理やり手放そうとすれば、むしろしっかり定着させてしまい、あなたは居心地の悪さと拒絶を感じるでしょう。それは、あなたの自己否定に対して、生き残るための強烈な反応を引き起こすかもしれません。

あなたが同化している側面を認識する

最善の方法は、何よりもまずこれらの側面を認識することです。

紙を一枚取り出して、あなたが同一化していると思うものをすべて書き出してください。

たとえば、「私の」という言葉を使って、「私の友達」と言った瞬間、あなたは自分と友達を同一化し、その相手がとても大切になります。もし「私は、（　）である」で始まる文章を作ったとすれば、あなたはそれと同一化します。「私はセクシーだ」と言った瞬間、「セクシーであること」と同一化しているのです。

あなたが同一化している思考を明らかにしましょう。たとえば、「金のなる木はない」というのが、あなたの同一化している思考かもしれません。

次に、あなたが同一化している感情に気づくようにしてください。それは、頻繁に現れている感情であるはずです。たとえば、「がっかりする」というようなものかもしれません。

次に、あなたが同一化している身体の側面を認めましょう。もし自分のことを太っていると思っているなら、肥満であることと同一化しています。

あなたが同一化しているものが何であれ、それは強烈な反応を引き起こすでしょう。あなたのエゴは、あなたという存在を構成するものの一つとしてそれを認めています。これらのものが脅《おびや》かされるたびに、あなたのエゴは、直ちに反応と防御の状態へと入るでしょう。たとえこの側面があなたに苦痛をもたらしていようと、エゴにはそれを維持する動機があります。つまり、これらの喪失は自分の消滅だと考えるからです。私たちがあまりにも深く痛みと同一化していると、エゴは痛みを維持しようとすることさえあるのです。

そういうわけで、重要な実践は、自分が同一化しているものを認識することですが、それは感情を使うとやりやすいでしょう。強烈な感情を目覚まし時計のように使い、自分は何かと同一化している

ので、それを理解する必要があるということに目覚めるのです。それは、自分の内部で起こっていることに対して、自分のすべての注意を注ぎながら、しっかり今ここにいなさいという呼びかけです。つまり、それを認識することによって、あなたはそれを観察しています。つかの間の自己の視点に埋もれてしまうのではなく、観察者の視点で存在するという意味です。

強烈な感情が起こったら、それに対して自動的な反応をしたり、そこから逃げようとするのではなく、自分の内側でそれと向き合いましょう。その感情は、あなたの感情体が活性化されているということを思い出すものとして使ってください。

苦しみをもたらしているのは感情そのものではなく、感情と同一化していることなのだと覚えていましょう。

感情そのものに気づきさえすれば、もうそれと同一化することはありません。それを客観的に見ることができます。自分の感じ方を変えようとはしないように。ただそれを認めて、そのままにしておきましょう。自分の感情を観察した結果として、洞察を得られるかもしれません。あなたは何がトリガー（きっかけ）であるかを発見し、自分がそのトリガーにどのような意味を持たせたのか、自然にそれが消えるようにするための洞察も見つけることができるでしょう。

思考に関しても、このプロセスは同じように働きます。ある思考を認識し、それを観察して、そのままにしておくことによって、思考をさらにあおることはありません。それは、他の似たような思考を引き寄せるのをやめ、その結果、あなたはその思考の勢いを止めることができるのです。

次に、身体に関してですが、もしあなたが自分自身の身体だと思っていると、その身体が変化すれば、自分のアイデンティティを失うことになります。ですから、身体はあなた自身ではなく、現在のあなたが経験している状態として、自分の身体を観察する練習をしてください。自分の身体を認識し、それを見て、感じ、意識的に経験した時、その瞬間、それは自分の身体ではありません。あなたは身体と同一化していません。

同じように、あなたはエゴではなく、個別の自己でもありません。エゴあるいは個別の自己に気づくようになることで、これらの概念との同一化をやめた瞬間、あなたはそれらのものではなくなります。その時点で、あなたは自分ではないものに気づくのです。ですから、あなたとあなたの真の自己の間に存在した最大の障害がなくなり、あなたは再び統合意識を享受できるでしょう。

◆選択的同一化がもつ危険

前述の方法は、脱同一化に非常に役に立ちますが、選択的同一化のための道具として使うべきではありません。何千年もの間、人間が一般的に実践してきたのは、好ましくない部分との同一化をやめ、好ましい部分を同一化するという選択的同一化でした。従来のグル（指導者）は、自分の内のただ一つの部分と同一化すると決め、そのエゴだけが存在することを許した人です。つまり、そのインナーツインだけが容器から出てくるようにしたということです。

たとえば、自分の最も好ましい部分（彼らにとっての覚醒の概念）は、決して怒らず、直ちにゆるし、世俗的な欲望は持たず、常に純粋でポジティブな集中を保っていることだ、と決めたグルを想像してみてください。内側で怒りや世俗的欲望やネガティブな思いが湧いてくるたびに、彼らはその怒りや欲望やネガティブな思考を感じている部分を否定し、拒絶し、抑圧し、縁を切るでしょう。そして、自分が作り上げたグルのペルソナの中へ飛び込み、自分自身に対しても、他人に対しても嘘をつくのです。彼らは、他のいかなる部分の真実も現実も尊重しません。文字通り、他の部分があることをまったく忘れてしまうまで、これを続けます。

彼らは、他のすべての部分を排除して、グルの部分だけが、本当の自分だと誤解するでしょう。これが彼らの訓練です。これは、自己放棄という訓練です。なぜなら、好むかどうかにかかわらず、彼らが否定した部分も彼ら自身だからです。

彼らのエゴは、「覚醒した存在という概念」であり、自分の中の他の部分を認めることはできません。あらゆるものが、そのアイデンティティのもとで説明されなければならないのです。それは、あなたが想像しうる最も強力な執着です。これは、統合ではなく、選択的な同一化です。

内側にある残りのエゴがなくなるわけではありません。実際、それらは抑圧されて、やがて抑圧のエネルギーが大きくなりすぎて、気づきや意識ではまったくコントロールできなくなるでしょう。

その時点で、たいていグルは、意識的な人格によって正当化された二重生活を生きるようになります。たとえば、倫理的なことを教えながら、その一方で、幼児を自分の性欲を満たす対象にするかもしれません。でも、他のすべての人格を除外して、「グル」の人格と同一化しているので、セックスによって子供たちに恵みを与えていると主張し、それを正当化するでしょう。

あなたの本当の自己は、これらのどの部分でもありません。それらのすべてであり、同時に、それらのどれでもありません。本当の自己とは、さまざまな内なる自己が一つのまとまりとなって、ともに存在している状態です。これが統合です。

では、なぜそれをしないのでしょうか?

それは、苦しんでいるペルソナを統合するのは、そのペルソナを追放するよりも、はるかに難しいものだからです。そして、苦しみを感じていないペルソナと選択的な同一化をするよりもずっと大変です。善や正義、癒やしや徳は、選択的な同一化によって達成されると信じている世界で、統合を実践するのは本当に難しいことなのです。

しかし、私たちは寂しさや孤独を感じているので、選択的な同一化の時代は終わりを告げなくてはなりません。いよいよ本当の自分として生きる統合の時代がやってきたのです。

◆愛とはどんなものか?

多くの人が同一化したいと思い、自分に引き寄せたいと願っているものは「愛」です。愛とは一体どのようなものなのでしょうか?

私たちはよく、承認の感覚を愛と取り違えています。承認は愛の親しい兄弟のようなものです。なぜなら、私たちが何かを承認した時、それを自分の近くに引き寄せ、自分自身の一部として受け入れるからです。何かに賛成した時、私たちはそれを拒絶していません。

けれど、最も根本的なレベルでは、何かを愛するとは、それを自分の一部にするということです。それは、概念ではなく体験そのものです。愛はすべてを含んだものです。それはワンネスへと向かうエネルギーの動きです。何かを愛した時、あなたはエネルギー的にそれを自分のほうへ引き寄せ、自分の一部にするでしょう。

愛と正反対の波動が「恐れ」です。恐れることは、自分から何かを切り離すことです。恐れとは自分の中に入れず、外へ締め出すものです。それは、個別化へ向かうエネルギーの動きです。何かを恐れる時、あなたはそれを遠ざけ、自分の中から押し出そうとします。恐れに関しては、第3章でより詳しく探求していきます。今は、愛というテーマに戻りましょう。

愛は、ワンネスという宇宙の最も根本的な現実の一つにアクセスさせてくれるものです。私たちは、世の中に別々に存在すると認識していますが、もちろんその認識は幻想です。私たちはみんな、同じエネルギーからできています。そのエネルギーが、異なるものとして、表現されているにすぎません。

自分の異なる部分を、断片あるいはインナーツインと呼んでいたことを思い出してください。時折、これらの断片の一つが、別の断片の中に、自分と同じものを見出し、それを肯定的にとらえることがあります。その瞬間、それはそれ自身と同じものになります。これが愛です。そして、分離は幻想であることを覚えてください。私たちが幻想だと思っているものも、統合意識（私たちが神あるいは源と呼ぶもの）の一部です。なぜなら、神や源の一部でないものなど存在しないからです。このような理由から、恐れというのは、源意識の中の幻影であり、その真実は愛であると言えるでしょう。

愛と反対のものについて、もう一度考えてみてください。それがいかに有害であるかがわかるはずです。私たちが、「私は嫌い」あるいは「私は望まない」「好きではない」と思ったり、否定的なジャッジメントをしたりする時、これは、物事を追い払うエネルギーになります。それは私たちをワンネスから引き離し、孤独の状態にします。これは愛と反対のもので、苦しみを生み出すものです。

この宇宙には、一種類の痛みしか存在せず、それは分離です。そして、宇宙には一種類の幸せだけが存在し、それは一つになることです。どんな種類の痛みを感じているのだとしても、それは、あなたが何かからの分離を感じているという意味です。そして、いかなる種類の幸せを感じた時も、それは、あなたが何かとの一体感を抱いているという意味です。

十分に生きるためには、あなたが恐れて嫌っているものに対して、「私はどのようにこれを愛することができるだろうか?」と質問することが必要になるでしょう。

突き詰めていけば、「愛せないわけはない」という答えになるはずです。

たとえ、現在それを嫌っていたとしても、否応なく、それはあなたの一部なのですから。あなたは源や神から分離することはできないので、それも分離はできません。それはワンネスの一部であり、愛とは、それを自分自身として受け入れることです。たとえあなたがそれを追い払おうと、それは一つであるこの宇宙の一部です。ですから、それはあなたの一部でもあるのです。

◆人生の中心的な使命として愛を選択する

源のポジティブな側面は、ネガティブな側面を追い払うのではなく、それに対して愛を与える必要があります。ネガティブな側面は、自分の一部としてこの愛を受け入れる必要があります。何千年もの間、宇宙の内部の二元性は、善と悪の戦いのように、両者とも断固として、相手の中に自分自身を見ようとはしませんでした。

しかし、あらゆる知識に通じたティーチャーたちは、まったく異なる見方をしていたのです。仏陀やキリストのような神の体現者は、人々に善や悪について教えることはしませんでした。彼らが人間に教えたのは愛でした。そして、対象を選択するような愛は教えませんでした。ハンセン病患者を愛情深くお世話したイエス・キリストは、彼の信奉者たちに、すべてのものを愛することを教えたのです。彼は、あなたが自分自身から追い払おうとしているものも愛するように教えました。彼は無条件に愛することを教えたのです。そして、どんな例外も存在しないと言いました。というのも、最初から例外などないからです。

仏陀は、彼の敵である魔神マーラを自分自身であると認めました。自分の悟りにおいて、マーラにも等しく責任があると考えたのです。彼は、マーラを自分から分離するために、追放したり、打ち負かしたりすることは教えませんでした。それよりむしろ、たとえを使って、自分自身のマーラをお茶に招くようにと、弟子たちに教えたのです。

あなたは、主要な宗教的指導者やスピリチュアルリーダーたちの教えの中心に、愛についての同じ真実を見つけることができるでしょう。

宇宙は私たちに、もう一度そのワンネスを実現してもらいたいのです。それは我が家へ戻るようにと、何世紀にもわたってずっと私たちに呼びかけていました。そして、私たちを呼び戻すために、仏陀やキリストのような体現者を創造しました。私たちは、自分の文化に染み込んだ抵抗によって、その呼びかけを捻《ね》じ曲げてしまったのです。

ここで再び、宇宙は私たちを映す鏡であるという事実に戻ってきます。私たちはより大きな宇宙の中にある小宇宙です。私たちは、神のフラクタル（自己相似形）です。宇宙が一つになるために、私たちは一つにならなければなりません。私たちは統合によってそうするでしょう。つまり、現在愛していない自分の側面を愛さなければならないという意味です。私たちは、追い払いたいと思う自分の一面を近くに引き寄せて、その中に自分自身を見る必要があるのです。無条件の愛が必要とされる時代が到来しました。

第2章

恥——孤独をもたらす三つの闇

◆恥は根源的な反応

孤独をつくりだす2番目の要因は、恥（恥ずかしい思い）です。それは、社会的行動の中で最も誤解されている側面の一つです。その理由として、ほとんどの人が、恥とは、自分をおとしめるような経験に対する精神的、感情的な反応だと思っています。

でも、本当のところは、恥はもっと根源的なもので、私たちを衰弱させるものです。なぜなら、恥は断片化のメカニズムによるものだからです。

恥を理解するために、海の生物のイソギンチャクを想像してみてください。指でイソギンチャクに触ると、それはすぐに反応し、触手を縮め口を閉じてしまいます。この反応は、生物の本能的なレベルで起こります。言い換えれば、イソギンチャクが、そうしようと考えているわけではありません。

この本能的反応は、私たちの闘争・逃走反応に匹敵します。あなたは近づいてくる車の前から逃げようと頭で考える必要はありません。身体が脅威を感知し、自然に反応します。ここで説明する恥も、闘争・逃走反応のように、生物としてのあなたの中にコード化された原始的反応なのです。そして、興味深いことに、愛も同じです。

本書で伝えたい重要な概念の一つは、この宇宙の中には二つの基本的なエネルギーの動きしかないということです。それは、何かを遠くへ追い払う動きと、何かを引き寄せる動きです。私たちが特定のものを見て、可愛いと認識すると、それを引き寄せようとする本能的反応が起こります。逆に、脅かすものを見た時、遠くへ追い払おうとする本能的な反応が起きるのです。

愛は、何かを自分に引き寄せようとする本能的な反応です。恐れは、何かを自分から遠くへ追い払おうとする本能的な反応です。そして、恥は、自分から自分自身を遠ざけようとする本能的な反応です。

もちろん、実際には自分から自分自身を遠ざけることはできません。なぜなら、あなたの意識は一つしかないからです。自分自身を自分から遠ざける唯一の方法は、断片化を通してです。このような理由から、恥は、抑圧と同様に断片化のメカニズムだと言えるでしょう。つまり、恥ずかしさは内側での分離を引き起こします。

◆恥とはどのような感じがするものか?

恥の反応は、〝特徴的なフィーリング〟を伴ってやってきます。つまり、あなたは、愛を感じるのと同じように、特定の感覚として、身体の中でこの反応を感じるという意味です。

恥と関係する最も一般的なフィーリングは、胸やハートのあたりが耐えられないほど痛むことです。また、首や胸や頬のあたりがほてったり、小さくなって隠れたいという思いが湧いてきて、実際自分が小さくなっていく感じがするかもしれません。

私たちは赤ん坊の時、イソギンチャクのような行動をします。赤ん坊は主として、触覚で世の中のものに反応しています。私たちは自動的な反応をし、この段階で、世の中の印象が刷り込まれます。それは、経験に基づく特徴的なフィーリングと、その経験に対する本能的反応とともに自分の中へ刷り込まれます。

私たちは、認知的な存在になるずっと前の赤ん坊の時から、本能的なレベルで学んでいます。私たちが経験するあらゆるフィーリングや感情は、ユニークなものです。あなたが好きな人にキスされた時、肉体的、感情的に非常に特別な感じがするでしょう。そして、好きな人にキスされることは、別れ際に友人にハグされるのとは違う感じがするはずです。これらの個々のフィーリングに対して、私たちは名前を与えていますが、究極的には、それが私たちの感じているものなのです。私たちは、自分の身体の中でいかにユニークな感じがしたかということで、それについて知り、それを思い出します。これが、〝特徴的なフィーリング〟です。

では、次のことを試して、何が起こるか見てみましょう。

目を閉じて、レモンを食べている状況をできるだけ詳細にイメージしてください。あなたの身体に何が起こりましたか？　おそらく、口の中で、酸っぱさに対する反応を感じたことでしょう。少し唾液が出てきたはずです。あなたの身体は、本当にレモンを食べたように反応したに違いありません。

では、目を開いてください。あなたはレモンを食べていません。あなたはレモンを食べている時にやってくる特徴的なフィーリングを経験したのです。

私たちは子供の時、人とのつながりの中で、あるいはつながりの欠如の中で、これらの特徴的なフィーリングを経験します。成長して、個別のアイデンティティを持つようになる前から、世の中の他人や物に対して個性的な反応をしているのです。たとえば、赤ちゃんが仰向けに抱きかかえられている時、突然、まるで落ちるかのように両手を広げ、それから何かを抱きかかえるような仕草をすることがあります。これはモロー反射と呼ばれるものです。要するに、私たちは、自分が他人からどう扱われたかで、本能的に反応するということです。

地上の他の動物とは異なり、私たち人間は、文字通り、他人に頼らなくては生きていくことができません。生き延びることへの最大の脅威は、飢えや渇きではなく、孤立することです。私たち人間にとって、孤立は自分を殺しかねないものです。つまり、人類にとって、最も大きな脅威は、他人とのつながりを持っていないという恐れと言えるでしょう。

つながりの欠如は、いろいろな形をとります。少し例を挙げれば、引きこもり、虐待、無視、見放す、助けの欠如や不承認などのようなものです。したがって、恥ずかしさは、感情的、精神的、身体的に、遠ざけられた経験に対する生物的、本能的な感情の反応だと考えられるでしょう。本質的に、それは、誰かの愛を失うというトラウマ的な刺激を経験した時に起こります。私たちは、この本能的な恥の感覚だけでなく、深い喪失の感覚も自分の中に刷り込みます。そして、たいていは、なぜこのような恥ずかしさを感じるのか、あるいは喪失感を感じるのか、頭では理解できないのです。

◆恥の根源は赤ん坊の頃から刷り込まれる

恥ずかしいという思いは、私たちが自己についてまだ何も考えていない幼い頃に始まります。私たちは小さい赤ん坊の時、そしてまだ胎児の時に、他人が自分にどのように反応したかで、自分自身に対する本能的な反応を刷り込みます。問題は、この反応の特徴的なフィーリングが、私たちの中に刷り込まれて、その後も成長しないことです。その上に他の感情や思考が築き上げられるのです。そして、それらは自分自身の特徴的なフィーリングや自分自身に対する反応を確かなものにします。

一番最初にケアをしてくれた人たちが、私たちを嫌悪の目で見たり、無視したり、虐待したり、辱めたり、批判したり、ニーズ（絶対必要なもの）を満たしてくれなかったり、親密な関係を結んでくれなかったりすると、私たちは、世の中が安全な場所ではなく、信頼すべきでないことを学びます。

しかし、最も重要なのは、他人が自分に見せた反応を通して、自分自身について学ぶということです。たとえば、私たちが誰かを必要とした時、相手が私たちのことを望ましくない存在だと考え、遠ざけようとしたとわかれば、私たちは直ちに、自分は望まれていないということを学ぶでしょう。本能的、身体的に起こるこの認識が、エネルギー的に、そして感情的に、自分を自分自身から遠ざけてしまうのです。本質的に、自分が望ましくない存在なら、自分自身を遠くへ押しやらなければならないと考えるということです。

自分から自分自身を遠ざけるための唯一の方法は、内側で断片化することです。

その一方で、自分は本質的に悪く、壊れていて、欠陥があり、望ましくないというフィーリングを持ち続けます。その瞬間、私たちが感じた感情は、特徴的なフィーリングとして自分の中に刷り込まれ、自己概念の基盤になるのです。

次のように考えてみてください。

あなたは、浴室の鏡がなければ、自分が肉体的にどのように見えるかまったくわかりません。なぜなら、映し出されたものを見て、はじめて自分自身を知るからです。外の世界にいる人々は、私たちにとって巨大な鏡のようなものです。「あなたはなぜいつもそんなに怒っているの?」と言われたら、あなたは自分のことを怒っている人だと思うようになります。もし人があなたのことを、どこかおかしいという目で見たら、あなたは自分に欠陥があると思うようになります。もし誰かから、あなたは美しいと言われたら、あなたは自分自身を美しいと思うようになるのです。

私たちは、自分に対する人々の反応を、本当の自分を映し出したものとして見ています。

子供の頃、私たちは他人を通して見せられたものに何の疑問も感じません。鏡の映像の正確さに疑問を抱かないのです。むしろ、映っているものを鵜呑みにします。私たちの内側の考えは、外側に映し出されたものと同じになります。

次のような例を考えてみましょう。ある子供の母親は、何の責任も持たずに、自分の望むことをして生きたいので、子供がほしくありませんでした。この場合、鏡(母親)は、子供の価値を正確に反映していないでしょう。なぜなら、「私はあなたを望んでいない」という母親の思いが影響しているからです。

子供が鏡（母親）の中に見る映像は、自分は望まれておらず、単なる重荷で、重要ではない存在だというものです。映し出されたものに疑問を抱くことなく、子供はそのまま信じてしまうでしょう。そして、生き延びるために、子供はその自己イメージに自分を適応させるのです。本質的に無価値な存在として、自分自身を見るようになるでしょう。

このように、恥の起源は、私たちが自分のことについて考えられない年齢から始まります。そして、自分への他人の反応に基づいて、本能的に自分自身へ反応していたのです。

◆恥から生じた孤独感

本書の第1章で、孤独感の一番目の要因である、「分離」を生み出す子供時代の状況について説明しました。同じような状況は、私たちを恥ずかしさへと導くような道徳規範を作ります。私たちは幼くして、まだ目覚めていないまま社会の一員になりますが、そこには社会的かつ文化的価値観が存在しています。そして、一つのものに価値を置いた途端、反対のものを非難するようになるのです。

たとえば、自己犠牲には社会的な価値があると考えられますが、利己主義は非難されます。私たちは、あるものをよいとみなし、別のものを悪いとみなします。社会的な秩序を維持するために、私たちは自分のいる社会に受け入れられる行動をするように子供たちを訓練します。子供たちに、社会的かつ文化的な価値観を吹き込み、それを守った時に報酬を与え、それに矛盾するような行動を示した時には罰を与えます。

ですから、自分のニーズを満たしてもらい、社会で生き延び、愛や所属感、貢献や安全のようなものを感じたければ、子供には一つの選択肢しかありません。つまり、自分が生まれた社会の価値観を受け入れるということです。

幼い頃、子供のあなたが裸で居間へ飛び出していったとしましょう。あなたの育った社会では、慎み深さを重んじ、公共の場で裸になることは禁じられているとします。すると居間にいた大人たちは、すぐにあなたの行動をやめさせようとするでしょう。彼らはあなたを怒って自分の部屋に行かせたり、その行為が及ぼす結果を教えたりします。

あなたは自分の行為への批判に傷つき、困惑や屈辱を感じるでしょう。そして、それは是が非でも避けたいと思うようなつらい経験になるはずです。そのために、あなたは、慎み深さという社会的価値観を採用して、それを自分の道徳基準にするのです。

恥とずっと闘っている人たちは、悪いことをすることと悪い存在であることを直接関係づけている大人にしつけられました。たとえば、台所からクッキーを一枚盗んだ子供は、「なんて悪い子なの」、あるいは「ダメだと言ったでしょう。どうして言うことを聞けないの！」と言われたかもしれません。その子供は、親のネガティブな発言と自分自身が悪い存在であるということを区別して考えることができません。

ここで明確にしておきますが、恥ずかしさは悪い存在ということに関係し、罪悪感は、悪いことをしたことに関係します。あなたがしたことへの反応として、時々自分は悪い人間だと感じるような恥ずかしさがやってくるだけでも十分つらいものです。でも、そのような恥ずかしさが、存在のあり方になってしまう場合もあります。

もしあなたが深い孤独感と闘っているなら、つまり、他の人と一緒にいても孤独を感じているなら、恥があなたの存在の状態になっています。そのフィーリングが長い時間存在していれば、私たちは自分が不適切で、劣っており、価値がなく、十分ではないと常に感じるでしょう。そして、その恥ずかしい思いが自尊心の低さをもたらします。なぜなら、自分のために設定した基準に到達することは決してないからです。


あなたがキリスト教徒の家に生まれたとしましょう。家族は同性愛を恥ずべきものと思っていますが、あなたは同性愛者です。その家で生き延びるために、あなたは聖書の価値観を採用し、「私は同性愛者ではいけない」という道徳的価値観を持つでしょう。でも、内側では、自分が同性愛者で、自分の定めた道徳的価値観を満たすことは永久にないと知っています。あなたは同性愛者という変わることのない状態に、いつも恥ずかしさを感じるでしょう。

◆恥と「〜するべき」という考え

恥の気持ちは、基準に達しないということで起こりますが、「〜するべき」ということに触れずに基準について語ることはできません。あなたが車を運転をしていると、一人の男性がトラックの後部から落としたハシゴを回収しようとして、通りの真ん中へ飛び出したとしましょう。この状況が生み出すさまざまな反応について考えてみてください。

あるドライバーは、彼を避けるために急ハンドルを切らなければならず、激怒するかもしれません。また、別のドライバーは、自分の命をかけて、道路へ飛び出した彼の勇敢さを讃えるかもしれません。落ちたハシゴにぶつかって、命を失う人がいるかもしれないからです。

もし飛び出した男性に妻や子供がいたら、家族の心配をよそに命をリスクにさらす選択をしたので、家族は裏切られたと感じるかもしれません。警察官は、この男性の行為は愚かであり、ハシゴを片付けるように警察に通報すべきだったと考えるかもしれません。ニュースキャスターは、夜のニュースで彼のことをヒーローとして取り上げたいと思うかもしれません。これらすべての反応は、それぞれまったく異なるものです。なぜなら、みんなそれぞれ異なるニーズと異なる過去の経験、そして異なる価値観を持っているからです。

価値観はニーズによって決まります。もし時間ぴったりに職場に着く必要があるなら、私は効率的なルートを重要視し、その邪魔をした人を怒ります。もし安全第一でいる必要があるなら、私はその道路を安全に運転できるようにしてくれる人を評価します。もし自分の夫が必要だと感じているなら、夫が危険にさらされる行動を低く評価します。もし公共の安全を優先するなら、規則に従っている人を評価し、自分の命を危険にさらしている人に対して怒るでしょう。もし私がニュースキャスターなら、ヒーローになるような人の話を高く評価するでしょう。

つまり、大部分の信念や規則や価値観は、ニーズに応じて形成されます。これらは、あなたの基準の基礎となり、それは「するべきこと」として解釈されます。それを基礎にして、あなたは自分の考えること、感じること、言うことに関して、そうするべきかどうかを決めるのです。

あなたの信念、規則、価値観を調べてみてください。そのすべてが、「人生のある時点において、両親や文化や社会のニーズに応じて作られた」ものです。あなたは、彼らに受け入れられ、愛されるために、彼らの価値観や信念や規則を受け入れたのです。彼らの教えたことが、あなたの「するべきこと」になり、そのほとんどのものについて疑問に思うこともしませんでした。でも、ニーズが変われば、信念や価値観や規則は変わるものなのです。

恥について知っておくべき重要なことは、その感情と闘えば闘うほど、それが大きくなっていくだけだということです。恥ずかしさを感じた時、私たちはたいてい守りの姿勢に入ります。それは、壊れたガラスや薄い氷の上を歩いているような感じかもしれません。

しばしば、私たちは強烈に他人を非難することがあります。非難は、自分自身の不安な気持ちや欠点から注意をそらせるものです。それは他人を悪者にするので、自分は正しいと感じることができるのです。恥ずかしさと闘っていると、私たちは他人に対する軽蔑の気持ちで頭がいっぱいになるでしょう。

◆ナルシシズムの根底にあるもの

恥ずかしさを感じる人々は、それに気づいていませんが、ナルシスト的（完全な自己中心主義）なところがかなりあります。それに気づいたら、もっと恥ずかしいと感じるでしょう。しかし、ナルシシズムと自己愛を混同しないでください。なぜなら、こんなにかけ離れているものはありません。

ナルシストの人は、自分の興味やニーズや欲求に異常なほど気を取られています。彼らは、他人からの承認や優越感、賞賛や重要性を見つけようとして、外側で探求を続けていますが、それは、自分が無価値であるという空虚感を埋めようとしているにすぎません。

今日では、ナルシシズムは、虚栄心や強い自己賞賛を意味します。それは、自滅的なプライドの形態として見られています。でも、それは的確な見方ではありません。この言葉の由来であるギリシャ神話のナルキッソスには、本質的に悪いところはありません。湖水に映った自分自身に憧れを持ち、自分を賛美して満足感を得ようとするのは健全なことです。自分自身を批判したり、無私無欲になるよりも、はるかに健康的と言えるでしょう。

しかし、私たちの文化は、何千年にもわたり組織的宗教に大きな影響を受けてきたので、自己愛は虚栄心であり、究極的にはプライドであると見なし、多くの人が罪だと考えているのです。そして、非常に悲しいことに、ナルキッソスは、虚栄心やプライドだけでなく、自己愛のイメージキャラクターになってしまいました。その結果、自己愛と利己主義はまったく異なるものであるにもかかわらず、私たちはそれらを混同しているのです。

ナルシシズムを理解するために最も重要なのは、まず自己愛と利己主義を分けることです。ほとんどの人は、ナルシシズムは自己愛の最たるものだと思っていますが、そうではありません。ナルシシズムの状態は、自己愛とは何の関係もありません。ナルシシズムは、自立するために必要なリソース、たとえば、愛などが極度に欠けていると認識しているような人と関連があります。

自己愛は、自分自身に対する深い献身と愛情であり、反対に、利己主義とは、他人にどんな影響を与えようと、自分の幸せと利益と興味にだけ関心を持つことです。利己主義は、自然な状態ではなく、私たちが人生で不足しているものがあると信じ、その不足しているものにだけ集中する時に起こります。

では、ナルシストが生まれる最も一般的なケースについて見てみましょう。それは、機能不全の家庭で起こります。最も一般的なのは、親が子供の人格や行動に関して抱いている空想的な理想に子供が従えなかった場合です。子供はその大人を喜ばせる方法を見つけることができませんでした。その結果として、その子供は、わがままで難しい子のように扱われたのです。彼らは、「問題児」になりました。親は子供の行動を自分好みにしようとして、公然とあるいはこっそりと子供を罰し始めました。その子供は成長時に、身勝手で、感謝知らずと呼ばれ、深いレベルで両親に拒絶された可能性が高いでしょう。大人は、潜在意識レベルで、その子供を危険な存在だと見ていたということです。

ナルシストが誕生する状況として、もう一つよくあるケースも、家庭の機能不全による副産物です。このタイプの人は、たいてい共依存と呼ばれます。子供時代、この子は親が子供の人格や行動について抱いていた空想的理想に従うことができました。子供は、大人を喜ばせる方法を見つけたのです。でも、親を喜ばせるために、自分自身のことは諦めなければならず、すべて大人が喜ぶやり方で行動しました。そうすれば、大人が自分のニーズを満たしてくれ、感情面で安全だと感じることができるからです。その結果、子供はゴールデンチャイルド（黄金の子供）のように扱われました。

さらに、その子は、ありのままの自分では愛されない、自分のニーズを満たしてもらうには他人のニーズを満たさなければならないということを学んだのです。彼らの人生のすべてが取引のようになり、よい行いの背後には、お返しに何かを得られるという期待が必ず存在するようになりました。彼らが誰かを助けたり、自己犠牲的な行動をしたとしても、それは自分自身のことだけを考えて行っているということです。

機能不全の家庭の子供とその子供が愛着を感じている人物の間には、感情的レベルで、そして、おそらく身体的レベルでも敵対関係が存在します。その結果、子供はその人物に対して健全な愛着を形成することができず、利己的で敵意に満ちた世界観を持つようになるでしょう。なぜなら、深いところで、本当の自分は愛されていないと知っているからです。

大人になると、このタイプの家庭で育った人は、世の中は、自分の両親との関係と同じだと信じるでしょう。つまり、世の中には、温かさや受容や愛が存在しないと考えるのです。彼らは感情的に閉じてしまいます。そして、世の中は安全ではなく、巧みに操作しなくてはならない場所であり、人は皆自分のことしか考えていないと信じます。彼らは愛されることに希望を失います。そして、自分にはまったく価値がないと感じ、自己肯定感を高めることに取り組み始めます。驚くことではありませんが、恥ずかしさ、不信感、激しい怒り、飢餓感が子供時代から蓄積されているので、それは大人になってからの生活にも影響を及ぼします。自分が愛されるに値しない世界で、彼らは他人から愛を得ることも、ニーズを満たしてもらうこともできません。ですから、自分が必要としているものを得るために、人々を巧みに操作しなければならないのです。

名声を求める人の多くは、私が今述べたような環境で成長しており、彼らの人生は自分の価値を永遠に探すものになっています。ハリウッドの多くの人たちが、恋愛関係で長続きしないのは、これが愛についての彼らのストーリーだからです。

ナルシシズムは病気ではなく適応です。このような外的状況への適応は、その人に深い孤独感を植えつけます。ナルシシズムは悪意に満ちた状態ではなく、恥ずかしさに基づいた孤独な状態です。

◆発達性トラウマ障害と恥を基にした孤独感

発達性トラウマ障害（子供への虐待によって生じる発達障害）は私たちの自然な成長を遅らせたり、妨害したりします。水や太陽の光を得た苗木が大きく成長するように、私たちが順調に発達するには一定のニーズが満たされなければなりません。苗木は可能性です。もし苗木のニーズが満たされれば、その可能性が花開きます。私たちの拡大と成長には、自分のニーズが満たされ、その環境が自分の可能性の展開に理想的であることが重要なのです。

発達性トラウマは、私たちを凍結させてしまいます。すると、たとえ身体的に成長しても、感情的、精神的には成長しなくなります。これらの中心的なニーズが満たされていないのに、大人に成長するとこのニーズは消えてしまったと私たちは推測するのです。けれど、これは、太陽や水が与えられなくても、苗木は大きく成長すると考えるようなもので、決して真実ではありません。大人になっても、私たちは、子供時代に受け取れなかったものを手にいれる必要があるのです。

私たちの社会は、発達性トラウマについての真実をまだ理解していません。その結果として、それを治す準備が整っていません。そのヒーリングには、幼児や幼い頃の基本的ニーズを満たしてあげることが必要です。次の世代において、発達性トラウマ障害への対応は、素晴らしい発展を遂げるでしょう。これらのニーズを満たすためのセンターが作られるはずです。社会に投げかけられる質問は、

「子供の時に逃してしまった大切な経験を、いかにして大人たちに取り戻させてあげられるだろうか？その人が自然に成長できるように、どうしたらこれらのニーズを今満たしてあげられるだろうか？」というものになります。

親たちや幼児を扱っているファミリーセラピストは、特に挑戦しがいがあるでしょう。なぜなら、これは、子供の自主性、つまり他人との関係において自己の感覚が育つ時期だからです。発達性トラウマ障害が生じると、この領域は発達せず、自然な成長が妨げられます。

その結果、たとえ身体が大人になったとしても、彼らの自己概念は子供のままです。自分や他人の世界をうまく生きる能力も成長しません。つまり、大人の身体を持つ幼児にすぎないということです。

◆感情的ネグレクトの根源

有史以来、人類の集合的な意識は進化してきました。私たちは暗黒の時代と目覚めを何度も経験してきました。そして、今日、「感情の暗黒時代」と私が呼ぶものの真っ只中にいます。それは、感情に関する無知の時代です。ほとんどの人は、感情について理解していません。それがどのような機能を果たしているのかも、それにどう対処すればいいのかもわかりません。感情は私たちの人生経験の基礎であることを考えた時、これは深刻な問題です。

感情を理解するために、多くの目覚めが必要ですが、この本では、その目覚めの一つについてお話しします。なぜなら、それは、大人が機能不全に陥っている大きな原因の一つだからです。それによって、他のすべての原因を合わせたよりも、もっと多くの不幸や自殺を説明できるでしょう。

この本を読んでいる人の多くは、他人を脅したり、面目を潰したり、辱めたり、利用したり、孤立させたりする感情的虐待のことを知っているでしょう。けれど、別の形態の感情的虐待も存在します。それは、認識するのが難しく、もっと深い傷を残すものです。今日、伝染病のように広がっているのはこのような形の虐待であり、それは「感情的ネグレクト」と呼ばれるものです。恥は、感情的ネグレクトの大きな副産物です。

感情的ネグレクトとは、何かがなされて生じたトラウマではなく、何もなされなかったことによって生じるトラウマです。伝統的な感情的虐待は、感情的ネグレクトと密接に関係しています。しかし、あからさまな感情的虐待がなかったとしても、他人を感情的に無視することができるのです。

◆感情的ネグレクトとはどのようなものか

感情的ネグレクトは子供時代に始まります。ですから、私たちはそこから始めなくてはなりません。子供時代に感情的ネグレクトに苦しんだ人の人生を見てみることにしましょう。

彼女の名前をメアリーとします。メアリーは今、法律事務所でバリバリ働いています。彼女はコロラド州の小さな町で、3人兄弟の末っ子として育ちました。

メアリーの人生を振り返ると、彼女の子供時代は、誰もがよい子供時代だったと思うようなものでした。彼女の家庭は裕福で、ほしいものはなんでも与えてもらえました。両親は言い争ったことがなく、否定的な言動にはあまり寛容ではありませんでした。ですから、子供が駄々をこねたり、不平を言ったり、泣いたりすると、すぐに自分の部屋へと送られたのです。

話を現在に戻すと、メアリーは、自分がなぜ今のような行動をするのか困惑していました。彼女は、なぜ自分が週末ごとにバーに行き、気を失うほど飲んでしまうのかわからなかったのです。どうして男性との付き合いがうまくいかないのかも理解できませんでした。きわめつきは、自殺する空想ばかりしていることが恥ずかしくてなりませんでした。

では、感情的ネグレクトというレンズを通して、メアリーの人生を見てみましょう。子供のニーズに耳を傾けるのは、親の責任です。食べ物や住まい、水や洋服、衛生面だけでなく、感情的ニーズも含めてです。なぜなら、子供は自分のことを見てもらい、話を聞いてもらい、気持ちを理解してもらう必要があるからです。もし子供がこれらのものを得られなければ、そこには親密さが存在せず、その子供は親密な友情や関係性を築く方法がわからないままでしょう。

子供が感情的ニーズを持ち、両親にそれを満たしてほしいと思うことに恥ずかしさを感じたら、子供が受け取るのは、本質的に自分には何か悪いところや愛されない部分があるというメッセージです。その子供が成長すると、自分の感情についてひどく恐れるようになり、同時に、自分の感情的ニーズにまったく気づかなくなるでしょう。

子供と感情的なつながりを築き、子供に必要な愛にあふれた注目を与え、子どもが感じるままに感じてもいいというように子供を育てるのは両親の仕事です。けれど、もしその両親も、子供の時に自分の感情的ニーズが満たされていなければ、誰もやり方を教えてくれなかった仕事をどのようにできるというのでしょうか？

メアリーの子供時代を見た時、彼女の両親は平穏な家庭を保つために、よかれと思い、子供たちがネガティブなことを考えたり感じたりしたら、それを胸に秘めていたほうがいいと教えたのです。ネガティブな感情は悪いものだと判断され、許されませんでした。メアリーは、このような感情を抱くたび、それを恥ずかしいと感じました。彼女は自分を孤立させ、その感情を誰にも見せないようにしたのです。

思春期になると、彼女はお酒を飲んで強烈な恥ずかしさから逃れようとしましたが、それは今も変わりません。そして、いつも自分の恥ずかしい側面を隠すことばかり考えていたので、これまで男性と3度目のデートまで続いたことがありませんでした。常に深い寂しさを感じ、実際に両親が愛してくれていたかどうかは別にして、彼女は愛されていたとは感じていませんでした。

要するに、メアリーは自分が世の中から孤立し、まるで自分だけ外側にいて中を覗き込んでおり、彼女のことを本当に知っている人は誰もいないように感じていたのです。そして、彼女は「自分は、何のために生きているのだろうか？」とよく考えていました。

そして、ある日のこと、メアリーは痛烈な寂しさを感じ、自殺してしまったのです。そんなことになるとは誰も予想していませんでした。彼女がそれほどの苦しみの中にいたとは知らず、みんながショックを受けました。

メアリーの両親は、メアリーとすべての子供たちを愛していました。外からは、彼女の家庭は完璧で羨ましくさえ見えました。単に、両親は、子供たちの感情的ニーズにまったく気づかなかっただけなのです。そして、意図せずに、両親は、のちに死に導いてしまう教えをメアリーに与えてしまったのです。

◆自分でも気づきにくい感情的ネグレクト

子供時代に感情的ネグレクトに苦しんだ人のほとんどは、自分の苦しみを胸の中に秘めているだけでなく、自分の何が問題なのかを理解しようとして精神科医や心理学者のもとを訪れていることでしょう。多くの人が、自分の感じ方の原因がわからず、自責の念に駆られているに違いありません。

なぜなら、その原因は、感情的ネグレクトが、あなたの見たものではなく、あなたの見なかったものだからです。それは受け取れなかった励ましです。与えられなかった慰めです。提供されなかった愛のある助けです。それは言われなかった愛のこもった言葉です。それは得られなかった所属感です。それは到達できなかった理解です。

現代のすべての親は、ある時期、自分の子供に対して感情面における失敗をしています。しかも、それはたまの失敗ではなく、子供の人生の基盤を蝕み、大人になってからの人生を粉々にするほどのものです。それは子供の感情的ニーズを満たせなかったという長く影響する失敗です。

なぜこれが蔓延しているのでしょうか？　その答えは、感情的ネグレクトが一つの世代から次の世代へと引き継がれるものだからです。そして、それぞれの世代は、まったくそれに気づいていません。誰かがそれを自覚するようになるまでは……。

実のところ、世代的な感情的ネグレクトに苦しめられている家族の多くは、自分たちの絆は強いと思っています。その家族のマントラ（呪文）は、「我が家はなんと素晴らしい家族なのだろう！」かもしれません。でも実際は、家族全員が、孤独や空虚感、人間関係の親密さに関する苦労を経験しているのです。

子供時代に感情的なニーズが満たされなければ、大人になってそれを満たすのに苦労するでしょう。感情的ネグレクトが不健全な共依存の主たる原因であるのは、このような理由からです。さらに、あなたは、「私は共依存ではありません。私は自分が知っているもっとも自立した人です。だから、感情的にネグレクトされたはずはありません」と言って、見逃してもらおうと思っているかもしれません。でも、その前に、自立している人はたいてい、他人と親密になるのが非常に難しいということをお伝えしたいと思います。

感情的ネグレクトの影響を癒やすために、あなたは自分自身や他人に正直でいることを学ばなければばなりません。真の親密さとは、セックスとは何の関係もありません。真の親密さとは、あなたが他人を見て、感じ、聞くことであり、相手から本当に見てもらい、感じてもらい、聞いてもらうことです。

もしあなたがこれと闘っていると感じるなら、第4章と第5章で、本当の自分であること（オーセンティシティ）と親密さを取り戻す方法について詳しく述べていますので、参考にしてください。

◆カバーエモーション（感情の蓋）はどう働くか

自分を嫌って生まれてくる赤ん坊はいません。私たちは、この真実を本当に受け入れられるまで、しばらく向き合う必要があるでしょう。

外の世界から受け取るものが拒絶である時、私たちは自分のことを嫌うようになります。もし今日、自分のことが嫌いなら、あなたを愛するはずの人が、あなたのある側面を拒絶したり嫌ったりしたということです。そして、それが取り消されることなく、あなたはその本当の姿をさらすことも許されずに、それを内面化してしまいました。その結果、あなたは今、彼らがあなたに対してしたように自分自身に接しているのです。まるで、生まれつきあなたに何かおかしいところがあり、あなたは悪いので、罰を受ける必要があるかのようにです。

嫌悪はカバーエモーション（感情の蓋）です。カバーエモーションは、深い湖の表面にある氷と同じ働きをします。氷が水を蓋しているように、カバーエモーションはその下にある別の感情に蓋をするために存在します。湖の氷は、あなたが水の中に落ちないように守っています。そして、カバーエモーションは、蓋をしている感情の中にあなたが沈み、それを感じることがないように守っているのです。

嫌悪のようなカバーエモーションは、私たちがもっと低い感情状態にならないように存在しています。これは感情体の中にある自然の防御メカニズムです。たいてい怒りは恐れのカバーエモーションであり、自暴自棄は絶望のカバーエモーションです。無感覚は、ショックや混乱のカバーエモーションです。

自分の感情とようやく一緒にいることができるようになると、私たちは感情のより深いレベルへと落ちていきます。それは氷の下にある水の中へと深く落ちていくようなものです。

では、痛みのカバーエモーションである嫌悪について考えてみましょう。何かが嫌いな時、私たちが本当に言いたいのは、「私はそれによって傷つけられた」ということでしょう。もし自己嫌悪を抱いているなら、本当に言いたいのは、「私は自分自身から傷つけられたように感じる」ということです。けれど、問題はどのように傷つけられたかということです。もし自己嫌悪を感じているなら、愛すべき親のような保護者から、感情的に無視されたように感じたということです。

怒りは、完全な無力感のカバーエモーションです。私たちを拒絶した人から愛してもらうために、自分にできることが何もなければ、私たちは無力です。その結果として、怒りを感じるのです。

自己嫌悪がひどくなれば、それは自傷行為につながるかもしれません。興味深いことに、自傷行為とは、人間だけに見られる振る舞いではありません。捕獲された動物も自傷行為をします。このことから何が学べるでしょうか？　自傷行為をする人間は捕獲されているように感じているということです。自分を傷つける人は、檻《おり》に入った動物と同じように、牢獄に入っているのです。そこは、ネガティブな感情、特に、絶望感や嫌悪感や怒りを表現することが許されない場所です。外側で表現できなければ、これらの感情は、内在化します。そのエネルギーが向けられるのは自身の内側しかありません。そして、それは、自傷行為として自分自身に対して表現されるようになります。

もう一つ私が述べたいのは、自暴自棄についてです。分離についての最後のセクションで、内なる断片化という概念を説明しました。それが、あなたの身体の中に、たくさんのインナーツインの人格を生み出します。私たちが自分のことを単一であると考える時、自暴自棄という概念を理解するのは非常に難しくなります。しかし、異なるいろいろな部分の総体として自分のことを考えれば、自分の中の一つの部分が、他の部分を完全に見捨てるということを思い描くことができるでしょう。これが、自暴自棄の本質です。

自暴自棄にはたくさんの形態がありますが、ここで一つの例を挙げましょう。

あなたの内側の一部分はひどく恐れていますが、もう一つの部分がその恐れを無視して支配権を奪い、強引にあなたに何かをさせたとします。これが自暴自棄の一つの形です。

では、あなたの一部分が弱いと感じていますが、弱さは受け入れられるものではないという状況を想像してください。あなたは、「私は弱くない。私は強い」という思考と同一化します。そして、自分の弱さを否定してその部分を抑圧し、屈強に見えるように一生懸命頑張ります。あなたは、外側の世界で弱いと感じるものを打ちのめし、辱《はずかし》めようとしますが、そうすることで、あなたは自分自身の傷つきやすい側面を自分から切り離してしまいます。それは、あなたの潜在意識の中で、深く抑圧されてしまいます。これも、自暴自棄の一つの形です。

本質的に、自暴自棄は、あなたの一つあるいはそれ以上の部分が、別の部分の欲求のスペースを作らなかったり、それを認めなかったり、ケアしない時に起こります。おわかりだと思いますが、大人としての生活は、自暴自棄の果てしない流れのようなものと言えるでしょう。

◆どのように恥の意識が孤立をもたらすか

恥ずかしいと思った時、あなたは自分にはとても悪いところがあると感じています。ですから、誰か、あるいは何かがあなたに愛情を抱き、つながりたいと思うことなどありえないと思っています。そこで、あなたは、役に立つ人間になって、見捨てられないようにしようと必死に走り回るのです。でも、あなたは人とつながるのに値すると信じていないので、見捨てられるような状況がすぐにやってくるでしょう。

あなたが認識できる唯一の愛情は、あなたが他人に対して持っている愛情です。彼らがあなたに対して持っている愛情を認識することはできません。

その結果として、あなたのすべての人間関係は不安を感じるものになります。何かに所属しているという感じはありません。そして、もっと深刻なのは、他人があなたに抱いている愛情を理解できないので、そのつながりを大切にすることができないことです。それどころか、正反対のことをしてしまうでしょう。あなたが電話をかけるかどうかは重要ではないとか、自分が出かけようが、家にいようが大したことではないとか、相手のことを一番に考えるかどうかは重要ではないと、自分自身に対して言うのです。心の中で、自分が相手に対してそのような影響力を持つほど大切であるはずがないと思います。そして、それは自己達成的予言になってしまいます。

人々が私たちに対して持つ愛着やつながりの深さを理解していない時、彼らがどれだけ私たちを必要としているか理解できないので、否応なく相手を傷つけることになりかねません。そして、私たちは彼らに、「私は、あなたのことをあまり大事に思っていません」というメッセージを送ってしまいます。そして、最終的に、私たちにまったく愛されていないと感じて、彼らは去っていくのです。私たちは、彼らが自分のもとを去っていくのを見ながら、「やっぱり、誰も自分のことを愛してくれない。みんな私を見捨ててしまう」とつぶやくことでしょう。

この重要な概念をまとめると、もし恥の自己概念を持って生きていれば、他人が自分のことを好きではないと信じているので、孤独になるということです。他人が実は自分に深い愛情を抱いており、私たちとつながっていて、私たちのことをとても必要としていることが理解できないからです。私たちは、それを感じることができません。もし感じられたら、人々が自分と一緒にいることを実感できるでしょう。

この上なく孤独だと感じている人々は、自殺してしまうか、あるいは自殺しようとするかのどちらかでしょう。もし彼らが他人にとっての自分の価値を心から理解できたら、自殺などしないはずです。自分の命を奪うのは、自分に対する他人の愛情が感じられないからです。彼らは、自分がいなくても他人は大丈夫、あるいは、自分がいないほうが他人はうまくいくと信じています。

でも、どんなに物事が絶望的に思えたとしても、あなたは人々とつながっていて、つながるのに値する存在なのです。突き詰めれば、あなたが他人とつながる価値を持っているかどうかは重要ではありません。肝心なのは、人々があなたに愛情を抱いているということです。

私たちが見て、「あの人は、人に好かれる価値がない」と思えるような人はたくさんいるでしょう。でも、それは重要ではありません。人々は彼らに愛情を抱いているからです。同様に、あなたがどう思っていようと、人々はあなたとつながっています。ですから、あなたの言葉や行動で、人々を深く傷つけてしまう可能性があるのです。

◆自分の恥から目をそらさず、認める

自分の恥ずかしいという気持ちを認めることが、この感情に終止符を打つ最初の鍵です。

恥ずかしさを認めることの反対は、恥の感情から目をそらすことです。それは、誰かの話したこと

がトリガーとなった時、それを受け止めるのではなく、それを無視したり、否定したり、背を向けたりすることです。もっと悪いケースは、トリガーを与えた人へ、それを送り返すことです。

多くの場合、人から言われたことがきっかけとなって、子供時代から残る恥ずかしさという未解決の傷が呼び起こされます。その人は、その傷を受け止めることができず、その深い傷から目をそらそうとします。それを投影と呼びます。つまり、自分の恥ずかしい思いを他人に投影するのです。

それは家族の中で、次のように働きます。幼児が母親に対してネガティブな感情を表すと、母親は恥ずかしさを感じます。そして、自分は悪い母親だと感じるでしょう。でも、母親のエゴはそれに対処することができません。なぜなら、昔から抱き続けた内側の傷が呼び起こされてしまうからです。そして、母親はその恥ずかしい気持ちを幼児に投げ返します。彼女は、幼児に悪いところがあるに違いないと考えるのです。

もう一つの例として、夫を裏切った妻について考えてみましょう。彼女は自分の行為に恥ずかしさを感じていますが、それに向き合おうとはせず、夫のせいだと考えます。なぜなら、夫が自分に十分な関心を示してくれなかったからだと思おうとするのです。

このように恥から目をそらす状況で最もよく見られるのが境界線の問題です。たとえば、あなたにことわりもなく、無断で何かを借りてしまい、境界線を破った友人について考えてみましょう。あなたはイライラし、それは困ると言うはずです。彼は恥ずかしさを感じますが、それに向き合おうとせず、逆に「あなたはケチで自分勝手な最低の友人だ」という結論に達するのです。

では、さらに一歩話を進めてみましょう。今のシナリオで、あなたは彼と対話し、そうすることはよくないと言います。さらに、そもそも彼がやってもいいと思ったことが信じられず、そう思うなんてバカじゃないかと付け加えます。これは、辱める行為として彼に認識されるでしょう。彼が感じている恥ずかしさがあなたに戻ってくる可能性は100倍以上になります。そして、彼はあなたとの友人関係をやめると決心するでしょう。

このシナリオは次のような場合、さらに複雑になります。つまり、両方の人の恥ずかしさが引き起こされ、お互いが相手のせいだと非難し、その恥ずかしさから目をそらそうとする場合です。

しかし、このパターンに終止符を打つ方法があります。関係性を調和のとれたものにし、つながりを続けるための方法があるのです。それは、自分の恥ずかしいという気持ちを認めることです。これは次のように行います。

「あなたは心を開いていない」と恋人から言われた男性が、防御的になっているとします。彼は心の中で、パートナーがあまりにも愛情に飢えていると思って、彼女を悪者にして、自分の恥ずかしい思いを彼女のほうへ送り返すかもしれません。でも、自分の内側をじっくり見れば、自分は心を開いて一緒にいることができないので恥ずかしいと思っていることがわかるはずです。このような理解が、自分の恥ずかしさを認めて、それに対処する助けとなるのです。

あなたの人間関係で言い争うようなことが起きたら、「自分の恥ずかしさを認める」という考えを取り入れてみてください。あなた方二人が立ち止まり、その状況で何に対して恥ずかしいと感じているのかを見つけるようにし、それをお互いに認め合いましょう。

これはよい方法ですが、一つ注意しなければなりません。もし誰かが自分の恥ずかしさを認めたら、彼らがガードを下ろしている間に攻撃したり、あなた自身の恥ずかしさを彼らに投げ返すチャンスとして使うようなことは絶対しないでください。これは相手の傷口に塩を塗るような虐待的行為です。私たちの一番の恐れは、自分の恥ずかしさを認めた時、他人がそれを利用して私たちを非難するということです。

自分の恥ずかしさを認めることで、あなたは自分自身との対立を終えて、統合することができるでしょう。そして、他人との対立を終え、安全と愛のある状態で、彼らとつながる能力を手に入れることができるのです。

◆鏡の映像は歪んでいる

すでにお話ししたように、本能的に起こる深い恥の感情は、鏡の映像を鵜呑みにした結果として起こります。私たちの内側にある概念は、自分に対する他人の反応という点で、外側から映し出されたものと同じになります。ですから、その鏡自体について疑問を持ち始める時なのです。

あなたが過去に見た、あるいは現在見ている鏡のある映像はどれくらい正確でしょうか？　その鏡の内部にあるものによって、鏡自体が歪んでいたり、変形している可能性はありませんか？

重要なことは、私たちの反応が他人とは関係ないということです。

たとえば、大変な仕事を抱えていて、帰宅したら子供の世話をしなければならない母親は、ストレスを感じながら、子供に対していつもイライラした態度をとるかもしれません。でも、それは子供とは何の関係もないことです。もしそれが彼女自身のストレスと関係あり、子供と何の関係もないと認めることができないなら、そして、イライラした態度が子供と関係ないことを子供に伝えることができないなら、子供たちは、母親のイライラした反応を鏡に映る自分の姿として内面化して成長し、自分は重荷だという自己概念を作り上げてしまうでしょう。

もし鏡の映像を鵜呑みにして、自分に何か悪いところがあると信じているなら、それは、親から自分たちが問題だと思わされたということです。親たちは、すべてを私たちのせいにすることで、自分の恥ずかしいという思いを投げ返したのです。私たちが目にした鏡には、ネガティブなものすべてに対して私たちに責任があるという映像が映っていました。

結果として、私たちは、すべてを個人的な責任として受け取ってしまう大人へと成長します。

これは、誰かがネガティブな反応をするたび、または、何かネガティブなことが起こるたび、それは自分のせいだと感じるという意味です。私たちに、その過ちや悪さの責任があると考えてしまうのです。

では、何かを個人的なものとして受け取る状況で、次のような質問を自分自身にしてみてください。

「私が見ている鏡の映像を歪めるような何かが、他人の中にあるだろうか？」

他人が歪みを生み出している例をいくつか紹介しましょう。それぞれの例について考えてみてください。

他人が乱暴な振る舞いをした時、その人は恋人との別離のようなストレスのある出来事を経験している可能性はないだろうか？

彼らが私に腹を立てているなら、私が彼らの過去からまだ癒やされていない傷を引き出したのではないだろうか？

もし彼らが、私をだらしない女性のように扱ったなら、彼らが自分自身のセクシュアリティを認めていない可能性はないだろうか？

もし彼らが私にお金がないので、価値がないという接し方をしたなら、彼らの父親が、財政的に成功しない人は無価値だと感じさせるようなトラウマを与えたのではないだろうか？

自分に対してこのような質問をすることで、もっと広い見方ができ、私が「鏡の映像を鵜呑みにする」と呼ぶような、他人が投影したり、目をそらしたりした問題を無条件に受け入れることはなくなるでしょう。

どれがあなたのもので、どれが私のものか？

もし恥ずかしさと闘っていて、自分が望むかどうかにかかわらず、あらゆる状況ですべての責任をとっているようなら、他人に責任があるものと、自分に責任があるものとを分けることができていません。そのような人は、次のワークを行う習慣をぜひ身につけてください。

それは、衝突したり、ネガティブな状況になったら、「どれが彼らのもので、どれが自分のものか」を識別することです。他者との衝突でない場合は、「どれが自分のもので、どれが自分のものでないか」というワークをしてください。

まず、紙を一枚用意して、二つのリストを作りましょう。一つのリストのほうに「私のもの」と書き、もう一つのほうに「彼らのもの」あるいは「私のものではないもの」と書いてください。

では、目を閉じて、第三者の視点で、ネガティブな状況を見てみましょう。それを見て、すべてを理解できる完全な傍観者として、その状況に立ち会います。そして、その状況のどの部分が、「私のもの」と「彼らのもの」のどちらに属するかを明らかにしてください。

リストの例として、クライアントが離婚後の自分と夫に関して行った結果を紹介しましょう。

「彼のもの」……………………………………

*彼の両親はナルシスト的で、典型的な共依存の関係性を持ち、同じような関係性を持つように彼を育てました。

*その当時、彼は子供で、結婚する準備ができていませんでした。

*彼は、「女性のニーズに応えられるように、いつもそばにいることはしたくない」と、私に言いました。

*彼は鈍感で、自分が感情的に人々を傷つけているかどうかなど気にならないと言いました。彼の〝正直さ〟は残酷です。

*彼は、私がうつ病だと知っていても結婚を決意しました。結婚生活で、私のうつ病に対処しなくていい、あるいは、対処すべきでないと考えていたのでしょう。

*彼は、私の世話をするプレッシャーをただ放り出しました。それについて話をしようとも

せず、助けを得ようともしませんでした。

＊彼は人をけなして、いい気分になっています。彼は恥をかかせることが大好きなのです。

＊彼は、結婚生活をうまく運ぶために何もしようとしませんでした。セラピストに相談することも何もせずに、離婚手続きをしたのです。

＊彼は、自分が親密で本当の関係など望んでなかったことを認めずに、私が難しすぎて対処できなかったということにしました。彼は、単に自慢できる美人妻がほしかっただけです。

＊彼は自分の行為をすべてよいものに変えています。たとえば、「私がこの関係を始めたのはよいことで、それから逃げる必要があったのは妻のほうです」というようにです。彼は、自分の悪いところを直視することができませんし、そうしようともしていません。

＊彼は何の努力もしようとしませんでした。そして、状況が厳しくなった途端、動き出したのです。

＊何かのニーズがあり、彼から何かを必要としている人と、彼は関係性を持つことができま

せん。彼は、寄りかかられることを嫌がるでしょう。彼はまったく自分に頼らない自立した女性を望んでいます。寄りかかることは「病気」だと、彼は考えています。

＊彼は非常に自己中心的なので、私に陣痛が始まって彼の助けを必要としていた時、自分は睡眠不足でいかに疲れているかということばかり言っていました。

「私のもの」

＊私は誰かに属したいという気持ちでいっぱいだったので、どんな男性と一緒になるかは重要ではありませんでした。そのせいで、私は男性を見る目がありませんでした。餓死寸前の人のように、たとえ毒入りのものでも食べたいと思っていたのです。私は彼を愛していませんでした。私は彼の家族になりたいと思っただけです。

＊私はうつ病と闘っていました。それは手に負えないと感じる男性もいるでしょう。

＊私は彼と出会って、1ヶ月後に結婚しました。

＊私は妊娠することに取り憑かれていました。そして、数人のボーイフレンドに、妊娠して

いると嘘さえつきました。彼らとの関係の中に、自分の居場所を見つけたくてならなかったのです。彼らが子供がほしいかどうかなどは気にもしませんでした。

＊私は自分が〝普通の人〟のように対処できないことに恥ずかしさを感じています。

＊当時はセラピーに行くお金がなかったので、パートナーにかなりのプレッシャーをかけてしまいました。

＊私は仕事と家庭を両立する支援体制がないので、専業主婦になりたいと彼に話しました。でも、それは本当ではありません。私は、両立できないのが自分の限界であると考えたくなかったのです。

＊自分の心に、本当に正直になれば、私は自分の面倒を見てくれる男性が必要だと感じていたのです。

◆恥ずかしさの解決法は「思いやり」

思いやりは、つながりの一つの形態です。それは自然に起こるもので、思考や言葉を超えたものです。それは、誰かに対して共感している時に起こるものなので、つながりの一つの形だと言えます。言い換えるなら、私たちは、痛みという感覚の共有を経験しているのです。共有されたフィーリングには調和が存在し、同様に、共有された理解にも調和があります。私たちが思いやりを感じている時、苦しんでいる他人に対して悲しみや理解や心配を感じています。

これから、その思いやりを持つ方法について説明しますが、あまりにも簡単なので、決して忘れることはないでしょう。これを読んだ後、思いやりはもう抽象的概念ではなくなるはずです。

思いやりは、誰かの痛みを自分のことのように感じた時、自然に起こります。ですから、思いやりを感じるためにあなたがしなければならないことは、自分がどのように彼らの痛みに関わっているかを丹念に見るということです。

もしそうするのが怖いと感じたら、次のように自問する必要があるでしょう。

「それはなぜだろう？　もし彼らの痛みと自分が関わったら、彼らの痛みに親しみを感じたら、あるいは自分の痛みもこれと同じであるなら、どんな悪いことが起こると思っているのだろうか？」

次のステップは、これらの質問を尋ねた結果として起こる考えに対して、思いやりを持って挑戦することです。これは、自分のどんな部分が恐れの思考の背後にあるのかを発見する方法です。そうすれば、あなたはそれに対して思いやりを持つことができるでしょう。

ですから、もし何かに対して思いやりを持とうと頑張り続けているなら、そのものとただ一緒にいて、それについて学び、理解する時間を取ってください。それから、自分がそのものと同じである点を丹念に探しましょう。そこから、彼らの痛みに関わるやり方を見つけられるかどうか見てみてください。

あなたの痛みはどのように、彼らの痛みと同じですか？

あなたは彼らの痛みに親近感を抱けますか？

あなたの人生を振り返ってみてください。その人が感じているものと似たような痛みを経験したことがありますか？

その時、あなたはどのように感じ、どのように思ったかを思い出してみましょう。同じような痛みの中にいた時、あなたは何が必要でしたか？

このような深い自己分析をすれば、思いやりのあるつながりが自然に生まれることに気づくでしょう。自分は彼らと別個の存在で、違うのだという見方をするのではなく、むしろ共通したものがあるという見方をした時、思いやりを持たざるをえなくなります。

このやり方を、十分理解してください。なぜなら、あなたの人生が飛躍的によくなり、孤独感が減るというだけでなく、もっと大きな視点から見て、思いやりを持てるようにすることが人類にとって最も重要なことだからです。

はっきり言えば、人間という種族が生き延びられるかどうかは、これにかかっています。私たちは、思いやりが自然に現れるのを待てるような状況にはもういません。自分の中で、そのための能力を身につけるための一歩を踏みださなければならないのです。

それは、あなたの内側に存在する断片化した側面に対して、思いやりを持つことから始まります。

次に、このことについてお話ししましょう。

◆意味づけという自己破壊装置に気づく

私たちの内側にいる評価者が、恥ずかしいという感情に対して特に活発に反応しているなら、自分がそのフィルターを通して世の中を見ていると理解してください。つまり、あなたは恥というフィルターを通して、世の中にいる自分や他のすべてを見ているのです。

これは、「自分には何か悪いところがある」という考えを通して、あらゆるものを解釈しているという意味です。それが、あなたの経験していることに本来備わっている意味ではないにもかかわらずです。

何千年もの間、人類はあらゆる経験の意味を探求してきました。それは、私たちが、人生におけるあらゆる経験が持つ意味合いの解釈方法を探しているということです。経験の意味を探し求めることは、進化した意識によるものです。しかし、私たちがよく知っているように、あらゆる進歩には、たいてい落とし穴があります。たとえば、自分は利己的ではないと自惚《うぬぼ》れるようなものです。私は人間を、「落とし穴を持つ種族」と呼んでいます。つまり、私たちの意識の卓越した素晴らしさが、破滅を導く原因にもなるということです。意味を導き出す能力は、意識の進化と急速な拡大をもたらしますが、同時にそれは自己破滅の原因にもなりえるでしょう。

私たちは日々、さまざまな出来事に出会います。その中には、ポジティブだと思うものもあれば、ネガティブだと思うものもあります。**しかし、これらに対する私たちの経験の質は、一つのことによって風味づけられています。その一つのこととは、私たちが出来事に割り当てた意味です。**出産の経験は、母親がその出来事に割り当てた意味によって、分娩の痛みの程度が大きく異なることがよく知られています。二人の人が同じ出来事を経験しても、違う意味の解釈をしていれば、その経験は大幅に違ってきます。

実際に起こっていることと、起こっていることへの意味づけとの間には違いがあることを理解するのが重要です。私たちは、この世界にはもともとどんな意味も存在しないということを知っていなければなりません。ですから、本質的に、出来事に意味は存在しないのです。意味づけは一つの解釈にすぎません。そして、解釈と真実を混同しないことが大切です。

もし、起こる出来事に意味が存在しないとしたら、私たちは、出来事に意味を割り当てて、出来事そのものと、その出来事の意味を同一のものだと間違えているということです。

もし出来事に意味を割り当てるという考えがあまり重大に思えなければ、自分が出来事に割り当てた意味によって、人生が台無しになることがあるかもしれないと考えてみてください。

その例を一つ挙げましょう。3歳の女の子が、お父さんにお人形で一緒に遊んでほしいと言いましたが、父親はちょうど電話中でした。父親は、「困らせるのはやめなさい」と女の子を叱ります。彼女はこれを個人的なものとして受け取り、それはトラウマの経験になりました。

ここで、女の子がこの出来事に対して、「私はお父さんにとって重要ではない」という意味を割り当てたとしましょう。父親にとっては、「私は今忙しい」が彼の割り当てた意味でした。けれど、女の子が自分なりの意味を割り当てた瞬間、彼女はカラーレンズを装着してしまい、それ以降、彼女と父親との間に起こることはすべて、そのカラーレンズを通して見るようになったのです。このような認識によって、今や真実は歪んでしまいました。父親と娘の間で、不愉快に思うことが起こるたび、「私はお父さんにとって重要ではない」という意味が自動的に強化されていくのです。

この父親は、人生において何よりも娘のことを愛しており、あらゆる種類の愛に満ちた行為をするかもしれませんが、それはどうでもいいことになるでしょう。なぜなら、彼の行動のすべては、娘が3歳の時に採用したレンズを通して見られてしまうからです。父親は、娘の成長過程で、なぜ自分のことをそんなに怒っているのか見当もつきません。少女は、自分は男性にとって重要ではないと信じて育ったので、心を通わすことのできない男性とばかり付き合い、あらゆるものへ依存することで惨めさを隠し、なぜ自分の自尊心はこんなに低いのかと思い悩むことでしょう。カラーレンズのたとえから、二人の人が同じ現実をまったく違うふうに見ている理由がわかったはずです。

私が考えてほしいのは、あなたが経験した出来事に割り当てたつらい意味は、その出来事が持つ実際の意味ではないということです。私たちが考えなければならないのは、自分が割り当てた意味のせいで、他人を罰したり、他人を避けているということです。私たちが考えなければならないのは、自分が経験している痛みは、実際の出来事によるものではなく、自分がその出来事に割り当てた意味によるものだということです。そうすれば、他人の防衛的な行動について、なぜそんなに困惑するのかということに、もっと合点がいくでしょう。意味の解釈の衝突によって、他人との間でよく起こる誤解の大部分が説明されると気づくことが重要です。

あなたの子供の頃の記憶を振り返ってみてください。それぞれの記憶に関して、「それは何を意味すると、私は決めただろうか？　その出来事にはどんな意味があると思っただろうか？」と自問しましょう。

それから、その瞬間、あなたの「意味づけのメガネ」が登場し、あなたはこのレンズを通して、大人になるまでに起こるすべてのことを解釈したと想像してください。そう考えると、あなたの人生のいくつかのことが納得できませんか？　あなたの人間関係についてはどうでしょうか？　あなたが出来事に割り当てた意味が正確な解釈でなかったとしたらどうでしょうか？

今日から、自分に痛みを生じさせるトリガーや出来事に出会うたび、「私は、これにどのような意味づけをしているだろうか？」と尋ねてください。そうすれば、実際に起こっていることと、あなたがその出来事の意味だと思っていることの間にある違いに気づけるはずです。これをすることで、事実を明確にするチャンスが与えられるでしょう。

たとえば、誰かがあなたにくれた誕生日のプレゼントがひどいもので、がっかりしたとします。「私はこれにどのような意味づけをしているだろうか？」と自問してください。答えは、「その人は、私が好きなものを知りたいと思うほど、私のことを大切に思っていない」というものかもしれません。でも、その時点で、彼らがあなたを大切に思っていないと思い込むのではなく、自分がその出来事に割り当てた意味について自問するか、あるいは、あなたが与えた意味をその人に正直に伝えて、それが実際の意味かどうかを尋ねてください。これは、彼らに事実を明確にするチャンスを与えることになります。さらに、あなたの意味づけのメガネを外し、幻想から自由にしてくれるでしょう。

起こった出来事と、あなたが解釈して、その出来事に割り当てた意味を分離し、その意味をあらためて質問してください。ずっと前にはめたメガネを外してください。そうすれば、あなたの世界がずっとクリアになるでしょう。そして、自分が経験していることは、あなたに何か悪いところがあるという意味ではなかったとわかり始めるかもしれません。

◆私は望まれて、愛されるように変わることはできない（自己評価の内なる声）

もし深い孤独感と闘っているなら、あなたは一種の〝抽象的な〟恥を経験しています。私がそう言っているのは、たとえ自分についてあらゆる種類の欠点リストを作ったとしても、なぜあなたがそれほど悪くて、望まれていないのかという究極的な答えにはならないからです。

何かを望まない時、私たちはそれを追い払おうとします。ですから、他人があなたを追い払う時、あなたは彼らが何らかの理由で、自分のことを望んでいないと考えるのが当然でしょう。これが、あなたの自己概念（自分はこういう存在だ）の死を招きます。そして、もっと悪い場合、それが新しく自己概念の基盤になることがあります。あなたは長い時間をかけて、その理由を探し続けるでしょう。そして、他人があなたを望んでくれるように自分を修正しようとするのです。

でも、すべてのものの裏にある本当の痛みは、自分には何か悪いところがあるけれど、人に好きになってもらえるように自分を変えられないという感情なのです。このせいで、あなたは、自分自身を拒絶します。もしこれが本当なら、あなたはずっと一人ぼっちのままだと思うでしょう。

自分について愛されない部分があると感じている時、よく人は、「自分のことを愛さなければならない」と言いますが、それはもともとの痛みを10倍にするだけです。なぜなら、「あなたには他人に愛され、望まれるよいところが何もないので、誰もあなたを愛してくれない」と言っているように、あなたには聞こえるからです。

私たちは、一人ぼっちで、身体を小さく丸めて寝ることを望んでいません。私たちが望んでいるのは、他人とのつながりです。このような理由から、私はあなたに、自分自身を愛するという考えは忘れてほしいと思います。それはゴミ箱に入れてください。自分自身を愛するやり方を学べるまで、あなたは惨めに一人ぼっちだということはありません。

孤独感を構成している恥からくる本当の痛みは、他人があなたのことを好きになってくれるように、自分の悪いところを見つけて修正できると思えないことです。あなたには他のことをするだけの力がありません。ですから、この時点で、悪いところを見つけて修正するというミッションが絶望的なものになり、自分自身の内部の評価者が内なる虐待者になってしまいます。

ここで、もう一度、あなたの「自己」とは、あなたの身体に住むたくさんの人格だと考えてもらいたいのです。あなたの人生の苦痛の大半は、これらの内なる自己の関係性（あるいはその欠如）の結果です。私たちが分裂していればいるほど、私たちの内側の世界は苦痛に満ちたものになります。なぜなら、分裂していればいるほど、これらの部分が戦争状態になり、互いに否定しあっているということだからです。

私たちは、成功するように育てられなければならないという社会に生まれました。両親や教師、権威的な人物や仲間たちは、正しいことや間違い、よいことや悪いことを、私たちに教えるという役目を買って出ます。彼らは、私たちがこれらの社会の基準を守ることができるように教えます。学校制度もこのために作られています。もし子供が算数が苦手だとすれば、学校は子供がその問題を修正し、数学を好きになるように個人指導するなど、カリキュラム外の助けも提供するでしょう。このような行動の結果として、お互いを修正することに集中している社会になったのです。

よいことや正しいことの基準に到達できるようにみんなを修正することは、ある意味では愛に満ちた行為かもしれません。でも、誰かがあなたを修正したいと思う時、それは愛に満ちているようには感じられないでしょう。なぜなら、彼らが送っているメッセージは、「あなたには何か悪いところがある」というものだからです。私たちは、彼らからネガティブな判断をされていると感じます。

家族や社会から追い払われた時、私たちは人々からネガティブなジャッジメントを受けたと認識します。それは耐え難く、ものすごい怖さを感じさせるでしょう。それを受け入れられないと、私たちは生きるために頼りにしている人たちから切り離され、罰を与えられます。私たちはこのようなジャッジメントに対して、「内面化する」というやり方で適応しようとします。このようにして、他人から批判されないように、自分自身を行儀よくさせる警察官になるのです。

私たちが生きるために従っているジャッジメントは、あなたが育った社会的集団の内面化したジャッジメントです。ですから、もし優秀さと成果を要求する社会で成長したら、これらの期待とジャッジメントを内面化したあなたの一部分は、高い基準に自分を縛り付け、あなたのやっているすべてのことに関して、全然ダメだと言い続けるでしょう。他方、もし謙虚さを要求する社会で育ったとしたら、これらの期待とジャッジメントを内面化したあなたの一部分は、自分を控えめに見せることに集中し、自分が特別な存在だと思うことに対して非難するでしょう。

自己批判のようなパターンにエネルギーを注ぎ込むと、それは私たちの人格の一断片になります。そして、その内なる自己や内なる部分は勝手に動き始める傾向があります。

社会化された人は誰でも、どこで育てられようと、どんな社会で育てられようとも、自分を批判するこの内なる自己を持っています。この自己は、ネガティブなナレーターのように、あなたとあなたの人生について常に批評しています。あなたがどんなにこの部分を喜ばせ、その基準に到達しようとしても無駄なことです。あなたがどんなに変わろうとしたり、それに従おうとしても関係ありません。何をしても、それを静かにさせることはできません。それどころか、それを喜ばせようとすればするほど、それはもっとうるさくなるでしょう。内なる声は、内側であなたを辱めることによって、他人から辱められるということから守っているのです。

本質的に、内なる声は、誰か他の人がそうする前にあなたを非難します。この声は、私たちが採用した成功の定義に従って私たちを成功させようと、そして、社会の人々に受け入れてもらうために、痛ましいほど必死になっているのです。明らかに、このような世の中への対処をしていれば、恥ずかしさばかり感じる人生になるでしょう。

この内なる部分について最も悲しいことは、これが自分の中にある「適応」だということを私たちが理解していないことです。

私たちは、これは文字通り自分自身だと思っています。ほとんどの人は、この世について批評し、自分の何が悪いかを教える内側でのモノローグ（独白）を経験します。これは、内なる声です。もし恥をかかせる社会で成長すると、この内なる声は虐待的なものになります。この時点で、私たちは、内側にいる虐待者と一緒に生きているということです。最終的に、私たちはこの内なる声に対処する方法を見つけなければならないでしょう。

もし誰かが、あなたを嫌いで、あなたはひどい人だと決めつけたなら、あなたはどうやっても勝つことはできません。もしあなたが走れば、それはあなたが敗北者だと言うでしょう。なぜなら、泳がなかったからです。もしあなたが泳げば、走らなかったので、あなたは敗北者だと言うでしょう。この内なる声がもっと虐待的になると、それは内側で執拗に攻撃する人に変わります。あらゆることがあなたに対抗するために使われるので、あなたは勝利することはできません。

たとえば、もしあなたが誰かを必要としたら、あなたの内なる声は共依存で、哀れで見ていられないと言うでしょう。あなたが自立しているなら、誰もあなたを愛してくれず、あなたは関係性を持つことができないと言います。もしあなたが怒れば、心理的問題があると言います。もし思いが現実を生み出すことを学び、あなたが癌になったとしたら、自分の思いをコントロールできず、自分のせいで癌になったので、お前は負け犬だと言います。もしあなたが何かで成功したいと思ったら、自分のせいで癌になったので、お前は負け犬だと言います。もしあなたが何かで成功したいと思ったら、失敗を恐れて一歩を踏み出せなくなるまで、あなたが成功できないありとあらゆる理由を言うでしょう。

それは、あなたに修正させようとして、あなたの愛されない部分すべてを言うでしょうが、あなたは自分がとても無力に感じられて、それらを修正するどころか、他の人から自分を孤立させてしまうでしょう。そして、あなたが学んだすべてのものを、自分に対抗するために使う武器にしてしまいます。

あなたのこの側面は、虐待的な愛を与える両親のようなものです。つまり、あなた自身が失敗や傷つくことや恥をかくことを避けられるように必死になっているのです。そうすれば、あなたが成功し、お金を稼いで、完璧な関係性と評判の高い仕事を手に入れ、社会で尊敬されるのを見ることができると思っているのですが、そのプレッシャーがあなたの息を詰まらせてしまうでしょう。

重要なのは、あなたを恥ずかしさの中で溺れさせているこの声が、あなたのために最高なものを望んでいる自分の一部であると理解することです。この側面をあなたの残りの部分に統合できるように、自分の内なる断片の動機を見なければなりません。過去に他人から何を言われたとしても、実のところ、それはあなたに反抗しているものではありません。それどころか、あなたの支持者なのです。

この内なる声があなたの有利に働いてくれるように、好転させる方法があります。もし気分が悪くなったら、この声のもとである内なる思考や自己に「波長を合わせる」のです。内なる声が言っていることに立ち会い、その表現の背後にある傷つきやすさを探します。このプロセスは、煙を見て、炎を探すのに少し似ています。

たとえば、友人と食事をしていて、あなたが何かを言った時、友人の一人があなたにネガティブと思わせるような反応を少し見せたとしましょう。おそらく、あなたの内なる側面は、次のようなことを言うはずです。「なんて間抜けなんだ。どうしてあんなことを言ったんだ。今度こそしくじった。おそらくみんなお前のことを話している」

これは煙です。その下にある炎が傷つきやすさです。その傷つきやすさは、「私は無力なので、正しいことをするのも、言うこともできない。間違ったことを言って、みんなに拒絶されることが怖くてたまらない」というようなことを言うでしょう。

あなたは、身体で感じている痛みや、その背後にある思考や内なる声を、煙探知機のようなものだと認識し始めることができます。それが話し始めるたびに、あなたに炎の存在を警告しています。つまり、深いレベルで、何かが脅威的で耐えられなくて、それに対処するために、あなたの助けが必要だと言っているのです。

もしこの内なる評価者のことを、自分が拒絶されるような状況を直ちに変えようとして助けを求めている自分の側面だと考えたなら、これらのつらいフィーリングは、自分を傷つけようとしているわけではないとわかるでしょう。むしろ、それは、私たちの助けを求めて叫んでいるのです。

それでは、私たちはどうすればいいでしょうか？　その内なる評価者を助けるのです。直接、その炎に話しかけることによって、それを助けます。この場合の炎は、集中砲火のような批判の背後にある傷つきやすいフィーリングです。あなたのこの側面が、残りのあなたに与えている批判に内在する恐れを、あなたは理解し始めることができるでしょう。この自己にとって、恥ずかしさは、一番避けたいと思っているものです。

私たちはこの評価者を、インナーチャイルドを守ろうとしている保護者のようなものだと見ることができます。ですから、傷つきやすくて、怖がり、恥じている自分の側面に対して、細やかなケアをしてあげてください。これが実際に内的な統合を生み出す方法です。

表面的なものに騙されている時、私たちがとるアプローチは、自分の内側に、敵である虐待者がいると思うことです。その背後に、愛にあふれた助けを必要としている自分の弱い側面が存在することに決して気がつきません。内なる評価者の暴力の背後にある弱さをケアし始めた時、それは攻撃をやめるでしょう。

次に、一つの例を紹介します。あなたが接触事故を起こしたとしましょう。あなたは相手の人が車を急停止したことや、よく注意を払っていなかったことに対して、すぐに腹を立てるでしょう。でも、もし内なる評価者に注意を向ければ、それは、次のようなことを言うはずです。

「あなたはこの事故を避けることができたはずです。一体何を考えていたんですか？　その結果、何が起こったか見てみてください。かなりお金がかかりますよ。はっきり言いますが、今のようなさえない仕事では、そんなお金は払えないでしょうね」

もしこの感情的な暴力を理解し、それが煙だとわかったら、私たちはその背後にある傷つきやすい真実を探すことができます。

真実は、この状況が対処しがたいものだということです。それは、私たちの一部分にとって、難しすぎるのです。傷つきやすい真実は、次のようなものです。

「恐ろしい状況で、ショックです。これが私の責任かどうかわかりません。厄介なことになって、つらい結果になるのが怖いです。ここでどうしていいのかわかりません……」

この弱さをただ認めるだけで、それと意識的に一緒にいることができ、心が落ち着き、励ましを感じられるでしょう。

もしこのプロセスをさらに先へ進めたいなら、目を閉じて、この傷つきやすさを感じている自分を思い描いてみましょう。おそらく、部屋の隅で小さくなった6歳くらいの子供のイメージが見えてくるはずです。自分がその子供のところへ行き、抱きしめてあげるのを想像してください。「あなたがそんなに怯えているのは当然です。いきなり起こったので、混乱しているのでしょう。トラブルに巻き込まれるのではと思って、怖いに違いありません。今どうすべきかわからなくても大丈夫です」のように言って、彼らが感じていることがもっともだと認めてあげてください。

彼らのフィーリングを認めてあげることが、最も重要なステップです。そうすることで、私たちは、自分の傷つきやすさを経験できるでしょう。そして、あなたはこの子供を落ち着かせて、そのニーズを満たすことに集中します。彼らがトラブルに巻き込まれないようにしてあげると説明してください。天使や祖父母のような安全で頼りになる人を連れてきて、その子供をケアして慰めてもらうのです。そして、あなたがその状況に対処するので、心配しなくていいと約束しましょう。状況を絶望的にしないようなことを言ってあげてください。

たとえば、「このような場合のための保険に入っているので、心配しなくていいです」とか「相手の人も怖がっています。もし相手があなたと同じくらい傷つきやすいのでなければ、今のような振舞いはしていないでしょう」のようにです。この内的な側面は、実際にはあなたの一部分です。これをすることによって、あなたの傷つきやすさを避けるために、しっかりさせようとする恥の闇に屈するのではなく、自分の弱さを大事にケアできるでしょう。

内なる評価者は、あなたの弱さの報道官になります。それが話しているのに耳を傾ければ、私たちは、その評価者と、それを生み出した過去の傷の両方を認めることによって、それらが守ってくれている弱さに直接向かい合う力を持てるはずです。そして、その弱さを和らげる解決法に出会えるでしょう。これをすれば、恥ずかしさの中で永遠に生きることがなくなると約束します。

◆三つの自己と知り合う

私たちは、自分が一つの人格と一つの名前を持つ一人の人間だと考えていますが、真実はそれとはかなり違うことを第1章で学びました。あなたは、自分の中に、複数の自己、あるいは多くの側面、つまりインナーツインがいることに気づいたはずです。

恥ずかしさを感じながら成長すると、人は内側で断片化し、その内なる自己のいくつかが、恥ずかしさに耐えたり、あるいは自分が感じた弱さから守ってくれるようになります。この概念を理解するために、恥ずかしいという思いや、そう感じさせる状況への反応として、三つの自己が生まれると想像してみてください。

〔三つの自己〕

1 私たちは、自分が恥ずかしいと思ったものを体現するような自己を生み出します。そうすれば、私たちが世の中に見せている人格から、それらの特質を遠ざけておくことができるからです。

私はこれを〝**恥ずかしい自己**〟と呼びます。

2 私たちは自分の傷つきやすさを体現する自己を生み出します。

私はそれを〝**傷つきやすい自己**〟と呼びます。

3 私たちは、世の中から自分の弱さを守るものを体現した自己を生み出します。

私はこれを〝**保護する自己**〟と呼びます。

あなたは、このような考え方に慣れていないかもしれません。ですから、この概念について理解できるように、私の人生から例を紹介しましょう。

まず最初に、私が苦しんだ〝**恥ずかしい自己**〟についてお話しします。

私の母は、女性の権利運動が盛んだった1960年代に育った過激なフェミニストでした。母は子供時代に、女性がもの扱いされる様子を目にし、女性が性的対象に見られることに激しく抵抗しました。私が性的関心を持ち始め、お化粧をしたり、ハイヒールを履いたり、セクシーなドレスを着て、男の子と出かけるようになると、母は心の底からネガティブな反応をしました。彼女は嫌悪感で私を眺め、悪口を言い、母親たちの世代の女性が懸命に勝ち取ってきたものすべてを破壊していると言いました。

ただ、このような辱めは、私の行動を変える動機づけとはなりませんでした。というのも、私は、性に関してもっと保守的な女性になりたいという欲求がなかったからです。でも、心の奥では、性的な存在としての自分についてひどく恥ずかしさを感じていました。

私は保守的なモルモン教の街で育てられたので、周囲の人たちは私をふしだらだと噂しました。私は自分の性的関心を隠したことはありませんでしたが、自分の中に、ギリシャ神話のセイレーンの形をとった〝恥ずかしい自己〟がいることに気づきました。心の目で見た時、彼女は岩の上に座った美しい裸婦の姿をしていました。愛と美と性の女神であるアフロディーテに少し似ていました。彼女は岩に固定されて動くことができず、絶望した状態でした。なぜなら、彼女の足元には、男性の骸骨が散らばっていたからです。

彼女はパートナーシップや愛、安全や永遠のつながりを死ぬほど求めていましたが、男性が海岸にやって来て、彼女の美しさに心惹かれるたびに、自分の意思に反して目からレーザービームを発し、男性は彼女の足元で倒れ伏してしまうのです。彼女は動くことができなかったので、自分の美しさを隠すことができず、男たちが誘惑されて殺されるのはどうしようもない運命でした。これを防ぐには、彼女はあまりにも無力でした。

このインナーツインを初めて見た時、私はそれに嫌悪感を抱きました。彼女を悪魔のようだと判断したのです。けれど、彼女の中にある絶望感を理解し、彼女は男性たちの死を望んでいるわけではないとわかって、ようやく彼女はそれを防ぐために何もできないのだとわかりました。私のセクシュアリティが、この恥ずかしいインナーツインの根源であると理解したのです。

そのメッセージは、自分が性的に魅力的だという事実を私は隠すことができないということでした。でも、私はそれが他人に害を及ぼす邪悪で危険なものだと信じさせられてきました。この自分の悪い側面と関わり続けることはできないので、私の中でセイレーンの形に断片化し、彼女は私の恥ずかしい自己になったのです。

私は瞑想をして内なる旅へと出かけ、彼女を岩から切り離し、彼女の目からレーザービームを発しないようにする秘薬を飲ませるイメージをしました。そして、小さなボートで彼女を島から救い出して、車で街へと連れて行き、そこで、彼女のソウルメイトであり、彼女を大切にしてくれる男性の手に引き渡したのです。

これらの内的自己は、統合に対して最も抵抗する傾向があります。そして、私たちは、その恥ずかしい自己に対して拒絶的な態度をとります。それが修正され、変化し、遠ざかり、自分から取り除かれることを望んでいるのです。しかし、このような態度は、逆に自分という存在の中にある恥の感情を強めるだけになるでしょう。

◆〝傷つきやすい自己〟はどのように現れたか

私の場合、〝**傷つきやすい自己**〟は、無邪気で可愛いリリーという10代前半の女の子として現れました。リリーは、思い切ってアイメイクと真っ赤な口紅をつけた時に、ひどく恥ずかしい思いをして生まれた人格でした。彼女の顔は青白く、茶色のずだ袋のような服を着ていました。

彼女はまだ子供でしたが、注意を引くようなメイクアップと洋服を試した恥ずかしさに耐えられなかったのです。リリーは、私が具体的に恥ずかしいと思ったものではなく、若い女の子として、セクシュアリティへの恥ずかしさを感じるという私の弱さを具現化したインナーツインでした。

〝**保護する自己**〟は、〝傷つきやすい自己〟と〝恥ずかしい自己〟の両方を守るために生み出されたインナーツインです。私の例で言えば、それは、リリー（傷つきやすい自己）とセイレーン（恥ずかしい自己）を外の世界から守っているものでした。

保護する自己は、探求者と呼ばれています。このインナーツインは、誰も干渉せず、他の二つの恥を適切に隠すことができるペルソナが必要でした。子供の頃、私は「女戦士ジーナ」のテレビ番組を見ていましたが、このインナーツインはそれを基にしたものでした。他の二つの自己は女性的で、私の中にあるセクシャリティを恥ずかしく思う側面を表していました。でも、この自己は男性的でしたが、特定の性を持っていませんでした。

もしあなたが若い頃の私を知っていたなら、保護するインナーツインが現れると、この戦士タイプの人格が私の行動を支配するのを目にしたことでしょう。それは、男の子のような荒々しい行動をし、カウボーイブーツを履いて、髪をショートカットにし、女の子の遊びを拒絶した時期でした。

恥のトラウマに反応した断片化のプロセスが、あなたの内側で、私が述べたようなインナーツインを生み出しました。それぞれが、自分のアジェンダ（課題）を持っていますが、必ずしも、それは他の人や全体の助けとなるものではありません。

しかし、幸いなことに、これらすべてのインナーツインにはよい側面もあります。次のワークは、内側での混乱を鎮めるために、彼らを別の用途で使う助けとなるでしょう。

インナーツインを別の用途で利用する

もし、あなたが子供時代に恥ずかしい自己を生み出し、それがもう役に立っていないと思うなら、その答えと解決法を自分で探し出すことができます。

最初に、自分の内側に入っていき、自分自身についてすごく悔やんだり、恥ずかしいと感じた時のことを意識してみましょう。そして、あなたが悔やんでいるその部分を見てみましょう。

何が現れようとそのままにしていてください。そして、思いやりを持ってこの恥ずかしい自己に向き合いましょう。それを自分の大切な部分として受け入れられるように、それを十分に理解したいというあなたの気持ちを伝えてください。

では、そのやり方について段階的に説明しましょう。

【ステップ1】 自分の弱さや過去の傷を掘り出して、それを認めます。それらは自分の中で生まれていた恥ずかしい自己や傷つきやすい自己、保護する自己の背後に存在しています。

【ステップ2】 自分の中にあるこれらの傷つきやすい側面を思いやりを込めて理解し、それぞれのニーズを満たすことで、これらの側面をケアする戦略を練ります。

【ステップ3】 それぞれの部分が持つ（この場合、三つのインナーツインの中にある）ユニークなニーズや才能を別の用途で使います。そして、内なる自己の残りの部分とそれらを統合します。そうすれば、それらすべてが、私たちによって望まれていて、必要とされていることを理解するでしょう。

私たちのゴールは、自分の内側でつながりと所属感を得ることです。それらがお互いを知り、その存在に気づいたなら、その気づきが自然につながりや統合へと導くでしょう。

私のシナリオでは、ステップ3は次のように進みました。

傷つきやすいインナーツインのリリーには、ユニークなニーズと能力がありました。彼女は、自分の可愛さと、素敵な洋服を着て魅力的になりたいという気持ちを受け入れてもらう必要がありました。彼女は優れたファッションセンスを持っていましたが、それを表現することは許されていませんでした。でも、大人になった私は、彼女にこのニーズや天性の才能を表現してもらい、自分の長く失われていた部分を喜んで受け入れることができたのです。

セイレーンのインナーツインに関しては、瞑想の旅の中で、私が彼女を岩から切り離し、目からビームが出ないようにするための秘薬を与えました。彼女は、私自身の官能性を体現化したもので、長く埋もれていたニーズと才能を持っていました。その中には、愛されたいという切実なニーズも含まれていました。

私は実生活で、色彩鮮やかな美しいパーティドレスを着て、自分の女性性を十分に表現し、セイレーンのニーズを満たしてあげました。そして、彼女の強烈な官能性を感じるたびに、自分のアート作品の中でそれを表現したのです。彼女の才能を別の目的で使うことで、私のアートには美しい女性的なエネルギーが吹き込まれました。私は心の中で、彼女が閉じ込められていた島から安全に旅立つ様子をイメージし、彼女を心から大切にしてくれるソウルメイトの腕の中に託したのです。このようにして、愛されたいという彼女のニーズは満たされました。

保護するインナーツインである探求者は、芯が強く、明確な境界線を持っています。ですから、これらの側面を維持し、私は自分がもっと強くなり、他人との境界線をよりうまく表現できるようにしました。探求者は平和を保ち、安全な環境を維持することが必要なので、私はこのニーズを満たすように助けてもらいました。私の周囲の人たちが、私の幸せを願っているのか、それとも私の表面的な外見だけに興味があるのかを見定めてもらったのです。そうすることで、自分の人生でもう望んでいないリスクを取り除きました。心配すべきものが減ったので、探求者はもう男性的に振る舞う必要はないということに同意しました。

このようにして、自分のインナーツインの一つひとつの長所を生かして、これらの才能を別の目的で使うようにしたのです。私は彼らのニーズを理解し、そのニーズを満たす行動をとりました。さらに、インナーツイン同士を紹介し、彼らの極端な行動が他のインナーツインや、全体としての私の役に立っていなかったことに気づいてもらいました。

彼ら全員が、もっと広い視野を得て、自分たちのニーズを満たした時、その気づきの高まりによって、インナーツインたちは調和とつながりの中へと導かれました。私はこれまでよりずっと安らぎを感じ、私の人生は明らかによくなっていきました。これらのステップに従えば、あなたの人生も必ずよくなるでしょう。あなたの中にどれだけのインナーツインが存在しようと、それらを癒やし、統合し、調和させることができるのです。

◆今日の司法制度はさらに危険な犯罪を生み出す

この宇宙には、本当に悪意のある行為などは存在しません。すべての行為は、たった一つの理由で行われます。

その一つの理由とは、その行為をすれば、自分の気分がよくなると信じているということです。自分の苦しみを和らげたいという欲求が、すべての殺人事件、薬物乱用、泥棒、喧嘩、買い物依存などの根底にある理由です。いい気分になりたいという欲求は、悪意のある欲求ではありません。その瞬間、気分をよくするためのより効果的な方法を見つけられないので、これらの行為がなされるだけです。直接、自分の傷つきやすさに対処するのではなく、それから逃れるためになされたのです。

私が言ったことが、聞こえましたか？　すべての犯罪は、弱さや傷つきやすさから逃れようとしてなされたものです。弱さに向き合うのではなく、それを感じないようにするためです。

たとえば、妻が夫を裏切った時、夫は妻を殺すかもしれません。なぜなら、喪失感と自己価値観の低さに関係する嫉妬心という傷つきやすい感情は、彼にとってあまりにも耐えられないものだったので、それを感じなくてもいいように逃げたかったのです。その傷つきやすさを認めて、それに向き合い、落ち着かせる戦略を見つけるのではなく、彼はその傷つきやすさのトリガーとなった妻を殺してしまいました。

私たちと同じように、これらの人は、子供時代に複雑なインナーツインの人格を生み出しました。しかし、彼らのインナーツインは、社会通念に対して暴力的に非難あるいは反抗し、結果として、彼らは現代の司法制度における犯罪者になってしまったのです。

今日、人々が自分の傷つきやすさ（恥という弱さも含む）から逃れようとして罪を犯すと、私たちは彼らを罰するために過酷で危険な環境へと閉じ込め、彼らがいかに悪者であるかを毎日思い出させようとします。彼らは悪いことをしたので、社会に属せないと教えるために隔離するのです。

人々を罰する時、私たちは、その人の保護者であるインナーツインを罰しているだけでなく、彼らの傷つきやすいインナーツインと恥ずかしいインナーツインも罰していることを理解していません。これは恥の感覚を強化するだけです。そして、彼らは社会から切り離され、隔離されます。それは、もともと犯罪を起こさせた、彼らの抑圧された傷つきやすさをさらに強化させてしまうでしょう。

そして彼らの抑圧された傷つきやすさを強化すれば、彼らを保護するインナーツインの火にさらに油を注ぎこむようなものです。保護するインナーツインの人格は、感情が高まって最前線にたち、傷つきやすさを守るという名目のもとで、人を傷つけるような危険で恐ろしい行動をとるかもしれません。つまり、今日の司法制度は、さらに危険な犯罪を生み出しているということです。

私たちには、この苦しみのパターンに終止符を打つことができます。これからの新しい司法制度は、私たちが恥ずかしいと感じ、犯罪者というラベルを貼った人たちが、彼らの傷つきやすさや傷を明るみに出し、それに対処して解決するという原則に従うものになるでしょう。彼らは、さらに遠くへ追いやられるのではなく、社会の中で所属と統合の状況へと近づけられる必要があるからです。

私たちは、受刑者や依存症の人、恥の感情で苦しんでいる人たちを助けるために、同じ論理と、すでに述べた三つのステップを適用することができます。そうすれば、彼らは十分に癒やされ、自分の内なるニーズを満たし、よりよい人生を生きるチャンスを手にできるでしょう。

◆ネガティブな特性をポジティブに変える

誰でもどこかの時点で、自分の感情を抑圧したことがあるはずです。自分の感情を抑圧すると、その感情は自分の人格とアイデンティティの一部になります。そして、私たちは、それらを自分自身であると考え始めます。自分のどの側面であっても、それに抵抗することは、感情面での大惨事を招きます。つまり、自己嫌悪感が生じるのです。あなたが自分の中のポジティブなもの、あるいはネガティブなものに抵抗しているかどうかにかかわらず、それは自己嫌悪にほかなりません。そして、それは、やがて自己破壊へと導くでしょう。

では、それに対する解決法はあるのでしょうか？

解決法は、その特性を高めることです。それは古代の錬金術の概念です。簡単に言えば、何かを高めるとは、それが持つ最も高いスピリチュアルな形へと変容させるということです。

たとえば、錬金術師は、鉄が変容した形は金であると考えています。もし自分のネガティブな人格のせいで不幸になるのではなく、よりよい人生を生きようとするなら、私たちは、自分の好きではないそれぞれの人格を理解し、自分の内側でそれを認めなければなりません。まずそれを自分のものと認めて、それを承認する方法を見つけるのです。最後のステップは、その人格の特性を最も高めた形にする方法を見つけることです。


次に、具体的な例を紹介しましょう。あなたは子供として、愛されていないと感じ、愛を得ようとして罰せられたとします。その時、あなたは拒絶感と無力感を抑圧しました。年月を重ねるにつれ、この拒絶感と無力感はあなたの人格の一部となりました。そして、あなたは習慣的に、特定の行動を示すようになります。これらの行動の中で主なものは、エネルギーの吸血鬼となることです。なぜなら、自分が必要なものを要求することは許されないと信じているので、あなたは他人を操り、自分に必要なエネルギーを彼らから奪い取るのです。

やがて、この特性はあなたの一部になりすぎて、あなたの人格の一部だと言えるようになります。そうなると、あなたはそれを乗り越えることも、根絶することもできません。ですから、あなたにとっての唯一の選択肢は、ネガティブな人格特性を受け入れて、それをポジティブなものへ方向付けることです。

これをどうやるか説明しましょう。

あなたはエネルギーの吸血鬼なので、エネルギーを操作するマスターでもあります。あなたは素晴らしいエネルギーワーカーやヒーラーになれるかもしれません。つまり、意識的にネガティブなエネルギーを引き寄せ、自分の身体の中で変容する能力を持っているということです。これを他の人のために役立てることができます。今あなたがしているように他人から生命力を奪うのではなく、他人から取り除いた病気や不調和のエネルギーをあなたの糧にしてください。そうすれば、あなたは人々を癒やすためにエネルギーを操ることができるでしょう。

もう一つのやり方を紹介しましょう。

あなたは何年もエネルギーの吸血鬼だったので、精神的なチェスが得意のはずです。あなたは人々とマインドゲームをします。ですから、この特性の最も高い形は人々の利益になるようなマインドゲームをすることです。あなたは素晴らしいカウンセラーあるいは心理学者になれるでしょう。あなたは、他人のエゴを出し抜いて、彼らがまったく気づいていない彼ら自身について理解する手助けができます。

もしあなたの問題がまったく違うものなら、どのように変容できるのでしょうか？

まず、自分自身について記述することから始めてください。

あなたの持っている問題とは何ですか？

自分の人格のネガティブな部分についてどう感じていますか？

あなたが嫌な自分の特性について正直になりましょう。

あなたのリストができたら、これらの性質の最善な利用法について真剣に考えてみましょう。言い換えれば、これらのネガティブな性質をポジティブに高めた形はどんなものでしょうか？

たとえば、私は心配性です。心配性の高められた形は、周囲のエネルギーに敏感であるということです。私は才能あるインテリアコーディネーターになれるかもしれません。なぜなら、部屋の中のエネルギーの流れを感じることができるからです。物の配置や色彩が私たちの感情に与える影響にも敏感です。帰宅した時に、どのように感じたいかにぴったり合う家をデザインできるでしょう。

もしかすると、私はいじめっ子かもしれません。いじめっ子は、人々に強要します。いじめっ子の高められた形態は、人々を無理やり最高の状態へと押しやることでしょう。私は自分の強力なエネルギーを受け入れて、その力から人々が利益を得られるような状況でそれを使います。誰かが特に強力な励ましを必要としているような場合にです。

いじめっ子は、社会集団の中で支配力を持っています。支配力を高めたものがリーダーシップです。私は、自分のリーダーシップ能力を受け入れて、他人が方向性を探しているような時にその力を発揮します。指導力を発揮し、人々を集めて互いに協力し合えるようにするでしょう。

◆自己肯定的な角度から見る

すべての瞬間において、私たちは分岐点にいます。私たちは自分のことを、自己破壊的な角度、あるいは、自己肯定的な角度から見るように選択をすることができます。

もし恥ずかしさから解放されたければ、自己肯定的な角度から自分自身を見たほうがいいでしょう。最初は面倒な作業のように感じるかもしれません。

自分の好きではない側面を見つける方法

紙を一枚用意して、家族全員と子供時代に大切だった人の名前を書いてください。名前の下に、その人からされた批判、あるいは、あなたが恥ずかしいと感じさせられたことを書きましょう。

たとえば、ある批判に対して身構えてしまい、腹が立って、彼らは絶対正しくないと感じたなら、これはあなたが彼らの批判に抵抗しているのだと認めてください。つまり、その背後に、彼らが正しいかもしれないという不安な気持ちがあるということです。

もし子供時代にされた批判に対して感情的になるようなら、これらの側面は、あなたが今の自分について支持していないものです。つまり、あなたが高めることで変えられる特性ということです。

もう一つのテクニックは、もう一枚紙を用意して、利き手でないほうの手を使い、あなたの内側にいる評価者に、自分についての悪いところや基準に満たないところすべてを自由に書いてもらいます。あなたの筆跡がどんなに汚くても、意識的なマインドがそのプロセスに口出しするのは難しいはずです。あなたは自分自身について認めていない真実に気づくでしょう。


これはアファメーション（自分に対する肯定的な宣言）と同じではないことに気づいてください。一般的に、アファメーションは事実を覆い隠すものです。それは、局所麻酔薬のように、一時的に症状を和《やわ》らげるだけで、痛みの原因である実際の問題を癒やすのには役立ちません。それは内側の断片化をさらに悪化させるだけです。

というのも、「私は自分自身を愛して、受け入れます」のようなアファメーションを言った時、私たちは自分のための基準を打ち立てるからです。それは新しい期待や自分が受け入れる唯一の現実を宣言しているのです。ですから、私たちの内側で、愛されていないと感じたり、他の部分への嫌悪感を感じている部分は、否定され、沈黙させられ、スペースを与えられず、潜在意識に深く押し込められたと感じます。まるで、真の助けを得るチャンスはなく、自分で満たすことができない基準にしがみついているかのようにです。

私が提案しているのは、表面的な方法、あるいは否定に基づいた方法ではありません。むしろ、あなたの人生のすべての要因は、それが状況であろうと、性格特性、出来事、パターンなど、何であろうと、二つの角度から見ることができるということです。それは、自己肯定と自己破壊、つまり自己否定の角度です。どちらの見方も、もう一方よりも真実というわけではありません。

たとえば、もし私が虐待されていたなら、私はセックスでの喜びを経験できないでしょう。自分の痛みを感じないようにするためタバコ中毒になるかもしれません。そして、「私はズタズタになった。もう誰とも幸せなセックスはできない。だから誰も私と一緒にいたいとは思わないだろう。私は役にたたない中毒者だ」という自己否定や自己破壊の角度から自分自身を見るでしょう。

これは、一つの見方です。この見方を持っている自分の部分に対して、心から思いやりを持つ必要があります。

さらには、もっと難しいでしょうが、自分の反対の部分に話をしてもらうことが必要です。もし恥ずかしさを感じているなら、自己破壊の見方をしている部分をケアしない限り、この部分には近づけないでしょう。私たちに必要なのは、自己肯定の角度から自分自身を見ることのできる自分の側面なのです。

前の例に戻るなら、その部分は、「虐待されたせいで、私は今、健全な性的関係がどんなものかを見つけ出そうとしています。ほとんどの人はこれに対する答えを知りません」のように考えるでしょう。

ほとんどの人はセックスをするだけで、それについてじっくり考えることはしないでしょう。その意味で、私は、この地上の多くの人よりもよい性的関係を持てるかもしれません。

私の痛みを麻痺させてくれたタバコのおかげで、私は生き延びることができました。病院にいる人たちは、生き延び、最終的に身体の病気を治すためにモルヒネが必要です。自動車事故で骨が折れてしまった人が、モルヒネなしで泣きながら横たわっていられるとは思いません。私は、自分が前進できるように全力を尽くしながらも、時には安堵感を与えてあげたいと思います。

このワークをしている時、自己肯定の見方を使って別の見方を無効だとするものとは思ってほしくありません。そうではなく、両方の見方を理解するワークだと考えてほしいのです。これは、暗い部屋の中に光を取り入れるようなものです。もしあなたが恥ずかしさと闘っているなら、おそらくドアを開けて光を入れようとはしないでしょう。あるいは、ドアを開けたとしても、光と闇が混ざり合い、一つになるようにするのではなく、暗闇をなくそうとしているだけでしょう。

自尊心を高めるための箱を作る

恥ずかしさと闘っている場合、私が提案しているワークの一つは、あなたが自分自身について いい気分になれるものでいっぱいの箱を作ることです。箱は、あなたが魅力を感じるようなものにしてください。自分がとても尊敬している人に、ボロボロの箱に入った贈り物をあげたくはないはずです。ですから、自分に対してもそういうことはしないでください。あなたが大好きな箱を選びましょう。

この箱の中に、外側と内側の世界で、あなたが成し遂げたことを示す品々を入れていきます。たとえば、トロフィーやメダル、卒業証書や試合で優勝した時の写真などです。あるいは、あなたが受け取った感謝や励ましのカードや手紙、他人からの称賛のメッセージのようなものです。

この箱の中に、あなたについてのよい部分や正しい部分のリストも入れましょう。このリストには、あなたの長所、スキル、ポジティブな人格特性、これまで成し遂げたことや他人に貢献したことなどが含まれます。さらに、前述のワークから、あなたの承認リストも加えてください。今まで自分について認めていなかったものの中で、認められるとわかったものを入れましょう。つまり、自分をよいとした証拠となるものです。

次に、あなたの自尊心の箱に、どんなユニークなものを入れられるか、もっと創造的に考えてみましょう。あなたの気分がよくなる写真、あるいは、自分のことを好きにさせてくれる映画や音楽や本などを加えてください。自分と似ているような感じがして、100%ポジティブに感じられる人のイメージも入れましょう。

この箱に入れるものには、何の制限もありません。そして恥ずかしさや傷つきやすさを感じたら、この箱を取り出して、自尊心を取り戻してください。

◆真の価値は常にそこにある

自己価値について、まず私たちがすべきことは、その考えを捨ててしまうことです。「価値」というのは、まったく抽象的な概念です。あなたは何かの価値を客観的に決めることはできません。自己価値とは主観的なもので、何の根拠もないのです。人の価値を決めるための基準は、その人が生まれた社会によって100％決まります。

次のように考えてみてください。

「何かをすること」に価値があると考える社会では、「在ることの質」は無価値と考えます。外面の美しさは、盲目の人の社会では無価値です。おそらく、あなたが自分に価値がないと感じている主な理由は、あなたが生まれ持っている本質に起因するものでしょう。他の人にとっては無限の価値があるかもしれないその性質は、あなたが生まれた家族や文化や社会にいる人たちにとっては価値があると考えられなかっただけなのです。

たとえば、芸術的な才能を持つあなたが、何よりも学問的な知性を重んじる家庭に生まれたとしましょう。家族はあなたの才能に価値があるものと思わず、あなたは自分には価値がないというメッセージを受け取ります。しかし、もし芸術家の家に生まれていたなら、あなたの才能は直ちに価値があると認められて、自分の価値を感じたことでしょう。

価値や重要性は、完全に主観的であり、移り気で、理屈に合わず、状況によって決まると考えるようにしなければなりません。人間の真の価値を決めることなど不可能なのです。

人間の真の価値とは、窓から差し込む太陽の光のようなものです。あなたはそれを持って生まれてきて、それはいつもそこにあります。すべての人がそれを持って生まれてくるのです。けれど、人生を生きる過程で、あなたの経験するトラウマや他人にその光が見えないという経験が、塵や蜘蛛の巣のように窓一面を覆ってしまい、光の輝きを邪魔してしまうかもしれません。それでも、もし塵や蜘蛛の巣を取り除けば、その光はずっと輝いていたことに気づくはずです。それはいつもそこに存在していたのです。

◆モザイクを作る

恥ずかしさを感じている時、私たちは胸が切り裂かれるような思いをします。皮肉にも、それは不的確なフィーリングというわけではありません。すでに見てきたように、実際に、あなたは内側で統合の状態ではなく、断片化した状態にあり、粉々になったガラスのように感じているのです。

私たちはみな物事のあり方に耐えられず、それと格闘し、それを変えようとします。この傾向は素晴らしいことです。というのも、それが私たちの生活や世の中をよりよいものにしているからです。もし自分が飛べないという事実に我慢していたなら、私たちは飛行機を発明することはなかったでしょう。しかし、人々の中には、物事の状態と格闘するのではなく、現体制に反対する戦士のようになる人もいます。ありのままの現実を受け入れたくないという気持ちは、苦しみを生み出す源になるかもしれません。それが変えることのできないものなら、なおさらのことです。それは、私たちが幸せになる邪魔をするでしょう。

その例を紹介しましょう。下半身不随の人を想像してみてください。彼らは、自分が歩けず、車椅子が必要だという事実と何年間も闘うかもしれません。やがて、下半身麻痺であることとの闘いが、彼らの苦しみの源になるのです。しかし、もし自分が下半身不随だという事実を受け入れることができれば、つまり、それは現実だと認めることができれば、彼らは安堵感を得られるでしょう。このように現実を受け入れることで、彼らはこれまでとはまったく違うほうへと進むことができるかもしれません。

たとえば、敗北感を煽る身体的リハビリにだけお金をかけるのではなく、障害者用のスキーを教えてくれる人を雇うのです。下半身不随であることを承認できれば、彼らはさらに前へ進むことができ、パラリンピックの選手や広報担当者になったり、障害のある人たちのロールモデルとして指導的立場になったりできるでしょう。これが深い統合の形態です。

このような統合と内なる成長のプロセスについて考えてみてください。それは、モザイク模様を作っているように、内的なつながりを築いていく道として考えられるでしょう。個人的に、私はモザイクが大好きです。なぜなら、私にとって、それは地上での人生を象徴するものだからです。この世の一人ひとりがモザイクの一片になる可能性を持っています。

あなたは無傷のグラスとしてこの世にやって来ましたが、人生のさまざまな経験によって自分がバラバラになり、何千もの断片になってしまったと想像してください。このプロセスが大きな苦しみを生み出すことは否定しようがありません。あなたは何年間も自分がバラバラになったという事実に抵抗し、自分が壊れたことから目をそらしています。けれど、もし本当に生きたいと思うなら、粉々になったガラスの破片が持つ美しさや可能性に目を向けることが必要です。

もしこれらの破片を受け入れ、さらに、よいものと思えたら、あなたはモザイク模様を作るパーツとしてそれを使うことができるでしょう。あなたはそれを修復しますが、今回はまったく新しい形で、初めの時よりもはるかに美しい芸術作品になります。私たちは誰でも、自分自身を用いて美しいモザイクを作る能力を持っているのです。

◆あなたの本質に従う

モザイクの作成は、見ていて美しいものです。なぜなら、もし断片化し、バラバラのままなら、本当の自分になり、真の愛の状態へと到達することはできないからです。私たちは、自分のネガティブな側面やポジティブな側面と縁を切り、拒絶し続けることはできません。たとえ不快さを感じても、自分や他人をしっかり見ようとしているなら、もうすぐ本当の自分と出会えるでしょう。あなたは自分の真実を十分に認められるはずです。

ジャネル・キャノンが、コウモリの赤ちゃんのステラルーナについて書いた有名な童話があります。ある日、コウモリの赤ちゃんは自分が鳥の巣にいるのを発見しました。鳥たちは、ステラルーナを自分の子供として受け入れてくれました。でも、コウモリがするように、彼女が逆さにぶら下がったり、鳥の食べ物の虫を与えられて嫌な顔をしたりするたびに叱られたのです。

とうとうステラルーナはコウモリの性質と縁を切り、鳥のようになることを学ぶことにしました。嫌な顔をせずに虫を食べ、日中に活動し、夜中は眠りました。次第に、自分自身のコウモリの側面と縁を切る（断片化する）につれて、孤独感が増していきました。それは、自分の本質を否定した結果として、帰属感が失われたせいでした。

彼女は認めてもらいたいという気持ちが募り、自分には何か悪いところがあるに違いないと感じるようになりました。そばにたくさんの鳥がいる時でさえ、一人ぼっちだという寂しさを感じたのです。とうとう途方に暮れてしまった時、彼女は赤ん坊の時に離れ離れになったコウモリの群と出会ったのです。彼らは、ステラルーナにコウモリの性質を思い出させました。そして、断片化し、抑圧された彼女の側面をもう一度自分のものにするよう励ましたのです。

その結果、彼女はもう一人ぼっちだと感じなくなりました。ステラルーナは、鳥たちとのつながりと、コウモリである自分の本質とのつながりの両方を持つことができるとわかりました。

私たちはこのような物語に共感できるでしょう。なぜなら、誰もが自分の本質を否定し、外側の世界での経験に反応して自分自身を断片化するというプロセスを経験しているからです。自分が愛されたいと願う相手からの承認や不承認に出会った時には、特にそうでしょう。

皮肉なことに、断片化のプロセスとは、どんどん本当の自分ではなくなる過程です。私たちは愛されたいのですが、愛されることの一番大きな障害は、本当の自分ではないことです。

ステラルーナがコウモリである自分の本質に気づいていなかった時、愛されていると感じられなかったように、あなたが自分の一つの部分と同一化し、他の部分を除外して、本当の自分の状態ではない時、あなたはその隠れた自分の部分を誰にも与えることができません。ですから、彼らには、それを愛することができないのです。

本書で提案しているすべての方法についてよく考慮すれば、最終的にパラダイムシフトが起こるでしょう。恥ずかしさを取り除いたり、修正したりするのではなく、その感情を統合する方法を見つける必要があります。

大人のあなたが恥ずかしさを感じているなら、それは自分が子供の頃に大人によって恥ずかしいと感じさせられたからだと、今のあなたにはわかるはずです。このような経験が、私たちの感情体にトラウマ的な傷を残したのです。

ですから、あなたが恥ずかしさを感じたら、その感情の中へと深く入っていき、無条件にただ一緒にいてください。そして、恥ずかしさを感じた記憶の中の子供として、自分の本質を見つけ、その傷ついたインナーチャイルドを育て直してあげましょう。私の著書に、『The Completion Process（日本

語版刊行予定）』という本があります。もし恥の感情と闘い続けているようなら、その感情に対して
ぜひこのプロセスを行ってみてください。

第3章

恐れ——孤独をもたらす三つの闇

孤独感を生む三つ目の闇は、恐れです。

では、恐れは孤独感やつながりとどのような関係があるのでしょうか？恐れとは本質的に分離を意味します。恐れは、あなたから何か、あるいは誰かを遠くへ追い払うことです。そして、それは地球上で最も人を孤立させます。恐れれば恐れるほど、私たちはますます一人になります。関係性や他人への恐怖感は、私たちを人々から分離させ、人間的なふれあいから孤立させるでしょう。

この状態を視覚的に理解するために、大勢の人と一緒に輪の真ん中に立っている自分を想像してみてください。では、一緒にいる人々に恐れを感じ、遠くへ追い払おうとしているイメージをしてみましょう。そうすると、やがて人々は輪の外へ出てしまい、あなたは輪の中にただ一人残されます。そう、一人ぼっちになるのです。では、同じシナリオで、次は、他人への恐怖感で、自分が彼らから逃げている様子を想像してください。そうすると、他の人たちはまだ輪の中にいますが、あなたは輪の外にいるはずです。そして、また、たった一人ぼっちになるのです。このように、恐れは孤独感を生み出し、つながることを邪魔するのです。

本書のこれまでの部分で、この宇宙には一種類の痛みしか存在せず、それは分離の痛みであると説明してきました。私たちが痛みを感じているなら、それは、その瞬間、何かから分離しているからです。そして、人間関係で痛みを感じているなら、それは、私たちが恐れを抱いているということを示しています。私たちは、その恐れに、真正面から向き合う必要があるのです。孤独を感じている人は、心から他人を恐れています。その人が感じている恐れは、何かを追い払おうとする感情的な経験です。

地獄とは、私たちの外側に存在するものではありません。地獄とは恐怖感のことです。恐怖感と地獄とはひとつであり、同じものです。ですから、この世では、天国にいる人の隣に、地獄を感じている人が歩いているかもしれません。天国とは愛のことです。波動的に言えば、愛は恐怖と反対のものです。

自分の恐れとは何か、特に、中核にある恐れとはどんなものかを理解することが重要です。私たちの中核にある恐れは、人生でそれを避けようと懸命に努力しているものです。その恐れとは、自分が切り離し、縁を切った自分自身の一部分ということになるでしょう。つまり、中核にある恐れのせいで、あなたの内側に、恐れのインナーツインが存在しているということです。実のところ、あなたにはいくつもの恐れのインナーツインがいるかもしれません。

◆最も深い、内なる恐れと向き合う

最近、私自身の深い恐怖感が明らかになった経験をご紹介しましょう。

初めて外国へ移住した時、私は薬用植物を用いて、シャーマニック・ジャーニーのワークを行いました。内面への旅の中で、自分が持っている核となる恐れまで降りていって、深い恐れの一つひとつに向き合うことを余儀なくされました。それは苦痛の中に囚われ、一人ぼっちで、逃げ道もなければ終わりもないという恐怖感でした。これが、私の最も大きな恐れでした。なぜなら、それは私が実生活ですでに経験したものだったからです。

私の人生で経験した切実な恐怖感が、自分の一部を私から切り離してしまいました。それがインナーツインになり、長い間、潜在意識の中に存在していたのです。

ずっと前に失われた自分の一部にやっと気づいた時、私は、この恐れのインナーツインが頭の先からつま先まで真っ黒に焼かれているのが見えました。なんとか識別できたのは、彼女の目だけでした。右足の脛は複雑骨折していました。彼女は、ものすごい痛みの中で、動くことも息をすることもできずにいたのです。まるで、集中治療室の患者のようでした。

この内なる旅の中で、私は、恐れを克服するための素晴らしい答えが二つあると言われました。それは、恐れを感じている自己を愛することと、あなたが一番恐れている自己を愛することでした。

もし愛することが、何かを自分自身の一部にすることを意味するのなら、この場合は、私が恐れを感じている自己を再び自分のものにし、それが幸せになるよう責任を持つこととなります。ですから、私は、自分の一部である恐れの自己に対してそうすることを最優先事項にすると決めなければなりませんでした。

言い換えれば、彼女が何を必要としているのかを見つけ、そのニーズを満たせるように人生を変えるということです。このようにして、私はヒーリングに集中しました。私は、近づいていた講演旅行をキャンセルし、恐れのインナーツインが表面に現れることを許し、彼女のニーズを感じようとしました。そして、彼女のニーズに従って朝寝坊をし、エプソムソルトを入れたお風呂に入り、自分自身に優しくしたのです。私にとって大切な人たち全員に、この内なる部分に気づいてもらい、同じように関係性を築いてくれるようにお願いしました。私は、人々に自分自身のことを優しく扱ってくれるように頼んだのです。

この壊れやすいインナーツインが癒やされていくにつれ、他人を恐れる気持ちが少なくなっていきました。私は再び人生を生きる準備ができたように感じました。

それから、何年間も分離していたり、恐れていたりした自分の他の部分に対して、同じことを行いました。この時から、私は自分の恐れに責任を持ち始めたのです。自分の恐れに対して、私の人生を滅ぼそうとしているものだと考えるのではなく、怖がっている子供のように、私の助けを求めて叫んでいるのだと考えたのです。私がその呼び声に応えた時、恐怖感が少なくなり、一人ぼっちだという気持ちも少なくなりました。

◆刷り込まれた恐れの記憶

愛にあふれた環境で育った場合でさえ、私たちは特定の物事に対処できないという恐れや信念を受け継ぐことがあります。「気をつけて。そうしないと、ケガをするわよ」というセリフを子供に言わない母親はいないでしょう。子供がヨチヨチ歩きを始めると、母親は一日に何回もこのセリフを口にします。そこに含まれるのは、「世の中は危険な場所で、もし何か悪いことが起きれば、あなたはそれに対処できない」というメッセージです。

しかし、このメッセージは事実を歪曲《わいきょく》しています。なぜなら、それに対処できないのは子供ではなく、母親だからです。母親が子供に対して注意するようにと言っている時、本当に言いたいことは、「もし何か悪いことがあなたに起きても、私はそれに対処できない」ということです。子供の時、私たちは自分で気づいていようといまいと、母親の恐れを背負い込んでしまっているのです。

父親はもちろんのこと、子供にとって大切な他の人たちについても、同じことが言えるでしょう。私たちは、何も疑うことなく、無力で不十分だという彼らの感情を受け入れ、その必然的な結果として、彼らの恐れも自分のものにしてしまいます。この後でさらに詳しく見ていきますが、私たちが自分の恐れを隠す主な方法は、回避とコントロールです。

覚えておいてください。たいていの場合、私たちは二つの動きしかできません。つまり、何かに向かう動きと、何かから遠ざかる動きです。恐れを経験すると、あなたは自然に何かを自分から遠ざけようとします。その動きは、それを自分の一部として含めないというものです。これは愛とは正反対のものです。愛とは、自分の一部にするために、何かを自分のほうへ引き寄せようとする動きだからです。

恐れは、認識された脅威に対する反応と定義できるでしょう。私たちが何かを自分にとって危険だと認識した時、つまり、身体的、精神的、感情的なレベルで、苦しみや傷を与えられる可能性を認識すると、当然ですが、自然にそれから遠ざかりたいと思います。たいていは、それを遠ざけるか、そこから逃げ出すかですが、3番目の選択肢もあります。それがもはや脅威にならないように、それを作り変えるという選択です。

興味深いことですが、自分に対して、それが本当に脅威であるかどうかは問題ではありません。重要なのは、私たちが、それを脅威だと認識していることです。恐れは、恥と同じように原初的な性質を持つものです。これらは、私たちが考えることなく本能的に起こる反応で、有機体の生物的な情緒反応です。それは、まず反応として始まり、それから思考がやってきます。

恐れを感じている時、私たちは安全ではないと思っています。危険や危害から守られていないと感じているのです。もしある状況やその場にいる人に対して安全だと感じていなければ、私たちはその状況やその人物を遠ざけようとするでしょう。この振る舞いは、過去に恐れを感じさせた自分の一部に対して行ったことを反映しています。私たちは、自分の一部を遠ざけているのです。

たとえば、あなたが今怒っているとします。もし過去に、怒りは他人から拒絶される原因だと学んでいたなら、怒りを自分の一部として受け入れたり、怒りが自分の中にあると認めることは安全ではないと感じるでしょう。「怒りは何ら悪いものではない」と、他人は言うかもしれませんが、もしあなたの過去の経験が、怒りは悪いもので、後でそのツケを払わなければならないと教えられていたら、あなたは怒りを脅威だと認識し、それを恐れ続けるようになります。

内側に隠れている恐れは、主として、私たちが子供時代に安全だと感じていなかったり、あるいは、あまりにも早く個人的な安全を失ったことから生まれました。大人になってからも、私たちは、自分を守り、自分のケアをしてくれる人を探し求め、自分が安全を感じるための他の選択肢があることに気づいていません。私たちは、自分の内側の小さな子供に刷り込まれた記憶を持ち運んでいるのです。

その子供は、無関心で敵意に満ちた巨人、つまり、大人たちに囲まれながら、安全を感じるのは無理だと決めました。もし私たちが人間関係でかなりの恐怖を感じているなら、この幼少期の経験が現実になっている可能性が高いでしょう。私たちは、他人とのつながりにおいて、安全性を感じることは不可能だと信じており、それが私たちを苦しめています。なぜなら、私たちは切実につながりを求めているからです。

◆人間関係における四つの恐れ

人は、人間関係について、次のような四つの恐れを抱いています。

1　見捨てられること

2　拒絶されたり、非難されること

3　苦痛の中に閉じ込められること
4　癒着状態のようになって、自己を喪失すること

1、見捨てることは、出て行くという違反行為で、孤独へと導くものです。見捨てられたり、見捨てられたと認識した時、私たちはつながりを失ったと感じます。なぜなら、相手が出て行ってしまうからです。

2、拒絶されたとか、非難されていると感じる時、私たちは自分が遠くへ追い払われていると認識します。このことは、私たちの内側に強烈な痛みを生み出します。

3、私たちは、特定の状況や自分のニーズのせいで、精神的、感情的、身体的に自分を傷つけている人から離れられないと感じることがあります。この場合、私たちは苦痛の中に閉じ込められてしまいます。これは、まさに拷問のような苦悩です。

4、自己の喪失、あるいは癒着状態というのは、私たちが求めているつながりや結合というようなものではなく、パートナーによって完全に搾取《さくしゅ》されている感じがし、相手の一部になっているような状態です。癒着状態は、間違いなく、お互いにとってポジティブな関係ではありません。ですから、私たちは恐れているのです。それは、一方の人が他方の人の一部になっていますが、その逆にはなっていない状態なので、相手に吸い取られているように感じるのです。

また、恐れの本質的な核には、二つの側面があります。一つは、望んでいないものを阻止できない

と感じることです。二つ目は、望んでいるものを手に入れることができないと感じることです。もし自分の抱いている恐れをじっくり見てみれば、必ずこの二つの側面が見つかるでしょう。

さらに、恐れが存在していれば、いつも願望が存在していることにも気づくはずです。しかし、ほとんどの人は、それに気づいていません。もし現実の世界で、自分が願うものを得られないと感じているなら、それは、強い願望があるにもかかわらず、あなたの思考や言葉や行動が、望むものと反対の方向へ引っ張っているという意味です。言い換えれば、あなたとあなたが望んでいるものの間に分離があるということです。

物質的な次元では、このエネルギー的な状況は、恐れのフィーリングとして現れてきます。それは、否応なしに人生があなたに降りかかってくるような感じです。もしあなたが自分に起こることに対処できると感じているなら、問題にはなりません。でも、あなたが恐れを感じているなら、例外なく、人生があなたにもたらすもの、この瞬間、自分に起こることは何であれ、あなたは対処できないように感じているということです。たとえば、もし笑い者になるのを恐れているなら、困惑するような経験に対処できず、他人から愚かだと見られる可能性のある事態には直面できないと感じています。

◆未知のものを恐れるのは不可能

最も大きな恐れの一つは、〝未知の世界〟です。これは、人間である私たちが知識にあまりにも依存しているからです。私たちは、常に、あらゆるものについて、すべてのことを知らなければ気がすみません。あなたがこの本を手にとったのも、そのような理由からでしょう。

物事を知りたいと思わせるような原動力が存在します。一つは、新しい概念を得た時、私たちの脳は、アヘンに似た化学物質を放出するからです。さらに、知識に依存することで、人間は、進化上の利点を与えられました。私たちは生まれつき学ぶ傾向があれば、進歩発展を保証されるのです。私たちは理屈抜きで、新しい経験を選びたいと思う傾向があります。というのも、そのような経験は、私たちの喉の渇きを癒やすかのように、もっと学ばせてくれるからです。

知識への願望は、それ自体はネガティブなものではありませんが、それは影の側面を持っています。その側面とは、子供が古い毛布を使って安堵感を得るように、エゴは知識によって得ることが多いということです。それについて説明すると、エゴは、自分が恐れているものを避けるために知識を用います。つまり、無価値感や身体的苦痛のようなものを避けるためです。

エゴは、私たちが人よりも知識や地位があり、他人からの尊敬を得た時、他人にとって重要な存在になると知っています。そして、エゴは、不確実という岩だらけの海岸から逃げるために知識を用います。エゴの目的が生存することであるなら、知識は食べ物や水よりも重要になるでしょう。結局、知識によって、私たちは食べ物や水を見つけることができるからです。

しかしながら、一般的に受け入れられている「私たちは未知なるものを恐れている」という考えは、実はまったくの間違いです。

私たちは未知の世界を恐れていません。もし未知のものを本当に恐れているなら、赤ん坊はすべてのものを怖がるはずですが、そうではありません。私たちが恐れているのは、初期の経験に基づき、自分が未知のものに対して投影しているものです。何か未知なものに直面した時、私たちのマインドは、未知にはどんな恐れがあるのかと予想した恐れを投影します。それから、エゴは、それらの恐れを避ける方法について考えようとするのです。ですから、もうおわかりだと思いますが、私たちが恐れているのは、そのような投影なのです。

たとえば、まったく新しい違うことをするために、10年間勤めた仕事を辞めた時、私たちは未知の世界へ飛び込んでいます。でも、未知であるというそれ自体を恐れてはいません。未知の世界へ飛び込むことで、私たちは、失敗する可能性や社会的信用を失うことを恐れているのです。このような恐れが起こるのは、以前に、負け犬と言われたり、社会的信用を失ったことがあるので、何としてでも同じことは避けたいと思っているからです。もし自分の恐れを未知のものに投影しない方法を学んでいれば、未知の世界はもう怖いものではなくなるでしょう。

ほとんどの人は、知らないことを恐れています。なぜなら、知らないということの結果として、〝悪い〟経験をするのを恐れており、さらに、自分が恐れているのが何であれ、それを経験することを恐れているからです。けれど、訓練をして、「あらゆる経験に大切なものが含まれている」ということがわかるようになれば、あなたの心配は大幅に軽減されるでしょう。

あらゆるものについてすべて知ることはできないことを受け入れられるように、あなたの考え方を変えるようにしてください。自分に対して、あらゆるものについてすべて知っていると期待するのは残酷な行為です。たいていの場合、その結果、世の中や人生そのものを恐れるようになるでしょう。それよりむしろ、人生は探検や拡大、冒険や発見、学びによる進歩に基づくという考えを受け入れてください。

かつて、「納屋が燃えてしまったので、月がよく見える」と言った禅のマスターがいました。この言葉が意味するのは、私たちが悲劇と認識するものさえ、価値のあるものが存在するということです。もし、人生のすべての経験にそのような価値を見出す習慣をつけることができるなら、特定の経験を避けようとかなりの時間を費やし、努力することはなくなるでしょう。それ自体が解放になるはずです。

◆引き寄せやポジティブ思考は役立たない

ほとんどのセルフヘルプの専門家、心理学者、スピリチュアルティーチャーは、なぜ恐れるべきではないのか、どのように恐れを避けることができるかを教えることで、恐れの問題に取り組んでいます。「自分のマインドが現実を創る」とか「引き寄せの法則」のように、現実をコントロールする方法についての教えもあります。恐れは、望んでいないものを回避できないと感じることなので、もし自分の現実をコントロールできていれば、恐れるものは何もないでしょう。

しかし、これらの考えが宇宙の働きと照らし合わせて、正しいかどうかということとは関係なく、これは恐れへの対処法として間違ったものです。自分のマインドをコントロールしていれば、自分に起こることをコントロールできるというのは、励みになる考えです。私たちが自分の現実をコントロールできると信じることは慰めとなります。でも、これらの考えを用いた時、私たちは、自分の恐れを避けて、遠くへ追い払うことで対処しているだけです。

残念ながら、回避することで対処したとしても、うまくいきません。単に、自分が避けようとしているものに抵抗して自分から遠ざけようとしているだけなのです。私たちのいる宇宙は鏡のようなものなので、抵抗しているものをもっと手に入れることになるでしょう。

もう一つの人気のある考え方は、ポジティブ思考です。それは常にポジティブでいることを奨励し、それがあなたのすべての問題を解決するという考え方です。けれど、これもうまくいきません。恐れの大部分は、私たちが経験した過去のトラウマです。感情レベルでトラウマ的なことを経験すると、それは、物質的なレベルでもトラウマとして働きます。

次に、恐れから逃れようとしてポジティブ思考を行う危険性について、例を挙げて説明しましょう。もしひどい事故にあって、足を複雑骨折したら、どんなにポジティブな集中をしても、足は治りません。病院や医師のところへ行かず、ポジティブ思考で骨折のことを考えないようにするのは、医学的処置を必要とする深刻な問題を回避しているだけです。このような状況を無視して、逃げようとしていれば、どんな結果になると思いますか？　感染症にかからなかったとしても、不自由な身体になるだけでしょう。つまり、何かを避けようとすればするほど、避けようとしているものがますます悪化するということです。その中には恐れという感情も含まれます。

これが、感情レベルで私たちが直面しているシナリオなのです。もし感情的なトラウマで苦しんでおり、ポジティブ思考でそれを無視し、抑圧し、否定しているなら、ポジティブなものを用いて、ネガティブなものから逃げようとしています。感情的な傷はよくなるどころか、どんどん悪化するでしょう。要するに、ポジティブ思考は、素晴らしい方法ですが、大きな例外が一つあります。ポジティブ思考は、あなたが避けようとしているものには役立ちません。

◆恐れに対処するよりよい方法

現実の出来事に対して恐れや無力を感じている時、いかに現実を創造するか、いかに現実をコントロールし、恐れの感情を止められるかについて議論する必要はありません。必要なのは、何が起きても対処できるという自分の能力を信頼することです。

もし何がやってきても自分は対処できると信じているなら、闘うか逃げるかという本能的な反応が現れた場合を除いて、私たちが恐れを感じることはないでしょう。もし何が起きても対処できると信じているなら、もはや日々の活動や人間関係を怖がることはなくなり、恐れに阻《はば》まれて人生を楽しめないということもなくなります。

子供の時に、自分が対処できなかった状況をたくさん経験したなら、私たちは、〝学習性の無力感〟を持つようになり、常に不安を感じるようになります。まるで自分をケアできないほど無力というフィーリングが、私たちの存在に刻み込まれたかのようにです。〝学習性の無力感〟は、私たちが大人になって、その状況に対処できるようになった時でさえ、変わらずに存在し続けます。

〝学習性の無力感〟がどんなものかを示すのに、象のたとえ話がよく使われます。小さくて木を動かすことのできない赤ちゃん象を木に結びつけると、その象は木から離れられないと信じて育ちます。そして、大人の象になって、簡単に木を引き抜くことができるようになっても、その象はそれを試みることさえありません。これが、自分は人生がもたらすものに対処はできないという深く根付いたフィーリングなのです。

この時点で、私たちは、恐れがしっかり恥と結びついているのがわかるでしょう。もし何かに対処できないと感じているなら、私たちは、その事柄に対処できないことを恥ずかしいと感じています。その瞬間、自分のことを無能だと考えて、自分自身についてよいイメージは持っていません。もしほかの人が、同じことを立派にできるようなら、なおさらのことです。そして、生まれつき自分には何か悪い部分があると結論づけてしまいます。このような理由から、恐れを感じたら、それが意味するのは、今ここで、あなたが自分自身を嫌いだと感じているということだと考えてください。

恥の場合にしたのと同じように、人生の問題に対処できないと思い、初めて恐れを感じた時の経験へと戻って、それから、そのもとの経験を解決する方法を見つけることが重要です。あなたにとって、これが難しいようなら、私の著書『The Completion Process』をぜひ読んでください。これを解決するプロセスを紹介しています。あなたが過去に対処できなかった状況に対してうまく対処するという経験は、言葉で表現できないほど大きなパワーと可能性を与えてくれます。

恐れは、自分がそれに対処できると信じられない状況で起きるので、あなたの集中の向きを、「私はその状況に対処できない」から「その状況にいかに対処できるだろうか?」へ明らかに変える必要があります。そして、それが実際に起こっている様子をイメージしてください。それだけで、抱いている恐れや学習性の無力感が減少することもあるでしょう。

◆選択肢があることに気づく

もし自分が無力だと感じているなら、それは、私たちに選択するチャンスはないということを意味します。しかし、選択することができれば、直ちにあなたは無力な場所から抜け出ることができるのです。そうすれば、あなたはパワーを得た気がするでしょう。多くの人は、パワーという考えを怖がっています。その理由は、人々はパワーという言葉を独裁政治や巧みな操作と関係づけており、その両方が人々を苦しめ、人間社会で悪い評判を持つものだからです。

しかし、真のエンパワーメント(力を与えられること)は、他人を操作したり、コントロールしたりする傾向を少なくするものです。それは、あなたを自由にします。そして、世の中に対して心を閉じるのではなく、大きく開かせてくれるでしょう。ですから、パーソナルパワーとは、愛に不可欠な部分なのです。

あなたのパーソナルパワーが強くなるように、自分が直面するいかなる状況においても、そこで自分にはどんな選択肢があるかを探求することに集中してください。ほとんどの場合、たくさんの選択肢が存在します。

たとえば、あなたが公の場でスピーチするように頼まれ、怖くて身がすくんだとしましょう。あなたは頼んだ人に対して、「いいえ、私にはできません」と言うかもしれませんが、本当の意味は、「自分はそれをしない」ということです。あなたは口を使って話すことはできるので、「自分は話せない」というのは真実ではありません。もっと正確に言えば、「私はステージに上がって、話をする選択をしない」と言っているのです。

なぜそのような選択をしたかには、もっともな理由があることでしょう。でも、あなたが、自分はできないと信じているのではなく、それをしないと自分が選択したのだと理解することから、エンパワーメントがもたらされるのです。

しばしば、恐れは、本当は存在しない限界を私たちに課すことがあり、私たちは「できない」という言葉を使いすぎています。私たちは、自分がやりたいことを、実際にはできるのに、できないと信じています。

とはいえ、すべての人がある程度の限界を持つということを知るのも大切です。たとえば、下半身不随の人は階段を登ることができません。ですから、誰かが何かをできない状況において、エンパワーメントは、自分の限界を受け入れ、「この限界を受け入れた時、どんな選択肢があるだろうか？」と自問する行為の中に存在します。限界を持つのは悪いことではありません。自分の限界を受け入れても、私たちにはたくさんの選択肢があるのです。

結局のところ、自分の取る行動を選択しなければならない時、私たちは、「この選択は、自分にもっとパワーをもたらすものだろうか、それともパワーを奪うものだろうか？」と自問する必要があります。

自分にはたくさんの選択肢があると理解することは、他人の手にパワーを与えるのではなく、自分にパワーを戻してくれるでしょう。

重要な質問をしてみる

「恐れは決してなくならない」という言葉を受け入れることで、恐れを乗り越えるプロセスを始めましょう。

あなたは恐れなしに、人生を生きることはできません。恐れを知らないというようなことはありえません。あなたがこの世にいて、新しいリスクを取り、自分の願望に従いながら人間として成長し、拡大を続けている限り、程度の差こそあれ、恐れは常に存在するでしょう。恐れを隠そうするかもしれませんが、それで恐れが存在しなくなるというわけではありません。

そこで、自分に対して、次の重要な質問をしてください。

「もし自分が、恐れと生涯にわたる関係にあることを受け入れたなら、私の人生はどのように変わり、自分の時間やエネルギーをどのように使うだろうか？」

◆どのようにして思考が恐れになるのか

恐れは、あなたが望んでいるものから遠ざけるような思考によって起こるフィーリングです。ですから、恐れに関して言えば、思考が中心的役割を果たしていると言えます。どのようにして、思考があなたの望むものとは反対の方向へ連れていくのか、例を挙げて説明しましょう。

あなたが信頼でき、安心できる関係性を望んでいるなら、次のような思考に注意したほうがいいでしょう。つまり、「本当に信頼できる男性などいない。それは生物学的に不可能だ」、「私のことを本当に愛してくれる女性はいない。私が彼女たちのためにしていることだけに関心があるのだから」、「どんな結婚も長続きするチャンスは半分以下なので、博打と変わらない」のようなものです。このような思考は、あなたが望んでいるものからあなたを遠ざけ、恐れを生み出すでしょう。

思考は言葉の形だけでなく、イメージとしてもやってきます。

たとえば、前に挙げた例では、「本当に信頼できる男性などいない。それは生物学的に不可能だ」という言葉の代わりに、ドアから出て行く男性のイメージや、他の女性といて自分を裏切っている男性のイメージが見えるかもしれません。思考の形態にかかわらず、恐れは、あなたの願望に逆らうものなのです。

◆私が本当に恐れているのは何か？

恐れを克服するための最初のステップは、恐れが存在することに十分気づくことです。ほとんどの人は、自分が何を恐れているのかを明らかにする努力もせず、不安や恐れという精神的不快さに慣れています。恐れとは、私たちを悩ませながらも、はっきり見ることができない幽霊のようなものです。しかも、あなたがそれを見ることができないので、あなたを完全にコントロールしているのです。実のところ、それをはっきり見ることさえできれば、その影響力はすぐに小さくなるでしょう。私たちは、「自分は、この状況で、本当は何を恐れているのだろうか？」と自問しなければなりません。

自分が本当に恐れているものを明らかにするために、あなたは、恐れのフィーリングから逃げるのではなく、その中へと深く入っていく必要があります。言うほどやさしくないと思うかもしれませんが、やればやるほど、どんどん簡単になっていくはずです。

例を挙げましょう。恐れを感じた瞬間、私たちは恐れから逃れようとすることができます。たいていは、それを向こうへ押しやることによってです。たとえば、飛行機に乗って、恐れを感じ始めたら、ビデオゲームをして気をそらそうとします。そして、飛行機は安全だと思えるようなことを自分に話します。飛行機を怖がるのは馬鹿げていると言い、自分の恐れには何の根拠もないと考えて、恐れを抑圧することもできます。けれど、これらの方法は、結局うまくいきません。

もっとよいやり方は、恐れを感じた瞬間、それをもっと自分のほうへ近づけて、恐れを統合しようとすることです。たとえば、目を閉じて、自分に恐れがやってきた時の感覚に、注意をすべて集中してください。心にパッと現れたイメージを見てください。内側の声がいろいろ言っていることに耳を傾けましょう。

それから、心から理解したいという気持ちで、思いやりを込めて自問するのです。「これの何がそんなに恐ろしいのだろうか？」と。その答えがやってきたら、「それはなぜそんなに怖いのだろうか？ 何が、以前に私の経験したことを思い出させるのだろうか？」と尋ねましょう。このように、自分の恐れを近くに招き入れることで、恐れに直面できるようになるだけでなく、恐れのケアをし、もっと気づけるようになります。

◆エクスポージャー療法は、なぜ恐れに効果がないのか？

自分の恐れているものに気づいた時、恐れを克服するのに使える一般的な治療法として、「エクスポージャー療法」があります。たとえば、ものすごく蛇を怖がっている人に対して、真の脅威が存在しないことを理解してもらい、不安がなくなるように、蛇を手に持たなければならない場所へ連れていきます。私は、この種のセラピーはあまりにも未熟すぎて、恐れや不安のフィーリングを強化するだけになってしまうと考えています。

エクスポージャー療法を受けようとしている人に複数のインナーツインが存在し、互いに同意していないと想像してみてください。一つのインナーツインは恐れに立ち向かい、打ち勝とうとしていますが、もう一つのインナーツインは恐れから逃げようとしています。すると、自分の内側にある二つの側面が綱引きを始めるでしょう。

この状況で、自分が恐れているものに自分自身を晒《さら》すことは、まだ準備ができていない自分の傷つきやすい部分、つまりインナーツインをブルドーザーで押しつぶすようなものでしょう。恐れているインナーツインは、自分の利益や自由意志や願望を一切考慮してもらえないので、別のインナーツインを信頼できないことを学ぶだけです。これは、内部に不信を生み出します。その結果、私たちは自分のことを信頼しなくなり、それがなぜなのかもわからないでしょう。つまり、私たちの特定のインナーツインが別のインナーツインと、ゼロサムゲームをしているからだということがわかりません。ゼロサムゲームとは、結果的に一人が勝つためには、もう一人が負けなければならないという状況のことです。

エクスポージャー療法に取って代わるよりよい方法は、私たちが恐れをしっかり理解したら、マインドやハートを用いて、恐れを解決するということです。

これは、次のようなプロセスとしてイメージできるでしょう。つまり、恐れそのものからあなたの注意を引き離し、恐れているものからできるだけ遠くへ行きたいと望んでいるインナーツインのほうへ、愛に満ちた100%の注意を向けるということです。

この方法を使う時、私たちは、怖がり、泣いている子供に接するように、自分自身のこの側面に対応することが重要です。インナーツインが怖がっていることを無理やり強いるのではなく、恐怖感を理解して、その感情は大切な理由があって存在しているに違いないと理解を示します。それから、その恐れと一緒にいて、インナーツインが必要としている安心感を与える一番よい方法について考えます。

これを行うと、たいてい、境界線をはっきり理解できるでしょう。

つまり、自分が安全だと感じるために必要なのは、怖いと思うものと関わることにきっぱりノーと言うか、もしくは、自分の怖がっている側面が、その怖がっているものと関わり合いたいと思っているとわかるかのどちらかです。

インナーチャイルドが、「怖いので、これと関わりたくない」と言うのと、「怖いけれど、これと関わりたい」と言うのとでは大きな違いがあります。エクスポージャー療法がよい考えだと思われるのは、恐れているインナーツインが自分の恐れているものに進んで関わろうとしている時だけです。このような場合、私たちの二つのインナーツインは一致しており、それは内側で信頼の雰囲気を生み出しています。そうすれば、二つのインナーツインが手に手を取って恐れに直面でき、恐れを取り除いて、内なる調和と信頼を取り戻せるでしょう。

しかし、もし怖がっているインナーツインが恐れに直面した時、しっかりした境界線を引いて、エクスポージャー療法に〝ノー〟と言う準備ができていなかったなら、内側で信頼の雰囲気が保たれるように、それを尊重し、しっかり守らなければなりません。

◆魂の健康の鍵は、感情面の健康

身体、マインド、魂は、完全な人生の三本柱だとずっと考えられてきました。けれど、それは間違いだと私が言ったとしたら、どうでしょうか?

実のところ、私たちの魂は、本質的に健康です。それは不健康な状態にはなりえません。魂は、身体、マインド、フィーリングという三つの大切なものを創造します。私たちの身体は、魂を物質的に映し出したものです。私たちのマインドは、魂を精神的に映し出したものです。フィーリングは、魂が意識的に感知しているものです。

このことから、私たちは二つの見方ができます。一つ目の見方は、健康の三本柱は、身体、マインド、感情であるということです。二つ目の見方は、感情が、魂の言語であるということです。もしこのような見方をするなら、人々が魂の健康と呼ぶものの鍵は、感情面での健康にあるということになるでしょう。そして、感情の健康の重要な側面は、非身体的な意識、つまり、私たちがスピリットや魂と呼んでいる自分の非身体的側面を意識的に認めることになります。

魂という言葉を使う時、私たちはその人の存在の中心的側面に言及しています。英語では、魂とハートは置き換え可能な言葉です。誰かが自分という存在の中心から話している時、「これは真実だとハートで知っている」と言うのは、そのような理由からです。これは、人生における経験で重要なのは、精神的あるいは身体的なものではなく、フィーリングや感情だということを心の奥で知っているという意味です。

この世に生まれてきた時、私たちは触覚を通して世の中を経験します。私たちは、世の中を目で見る前に触って感じるのです。フィーリングと感情は、地球上での生活で大切なだけでなく、私たちの人間関係の核となるもので、しかも最も傷つきやすいものです。

私たちのフィーリングや感情との関わり方は、親のしつけと社会化に基づいています。ずっと昔の時代から、子供の育て方を振り返ってみると、その考えは劇的に変わったと言えるでしょう。たとえば、中世の時代においては、子供として過ごす時代は存在していませんでした。子供が身体的に成長するとすぐ、今日では奴隷のようだと思われるような仕事をさせられました。子供たちは、純粋な存在ではなく、むしろ邪悪な存在だと見られ、体罰を与えるのは当たり前だと考えられていたのです。

その時代、最も上流階級の家でさえ、子供たちを大切にし、愛するのではなく、子供を軽蔑したり、虐待したりしていました。そして、それは子供自身のためだという間違った考えを持っていました。

１６００年代後半の西欧諸国においては、〝アメとムチ〟を用いた子育てが誕生しました。純粋な体罰の代わりに、哲学者のジョン・ロックが、子育てのよりよい方法は、悪い子の時には、子供に〝恥をかかせて〟承認や愛情を与えず、よい子の時には、承認や愛情という報酬を与えて、子供を〝評価してあげる〟ことだと提案しました。

20世紀初期は、あまり変わりませんでした。子育ての専門家たちは、子供時代についてのロマンチックな考えを公然と非難し、子供をしつけるのにふさわしい習慣の形成を提唱しました。実際に、１９１４年のアメリカ児童局のパンフレットでは、厳しいスケジュールの育児を奨励し、親には子供と遊ばないことを勧めていました。ワトソンの行動主義では、親は子供に対し、よい行動には報酬を与え、悪い行動には罰を与えて、その後、規則正しく食事や睡眠や運動をさせるように説いていました。

20世紀後半になると、体罰は、西欧諸国で支持を失い始めました。多くの親の意識が高まり、体罰は虐待だと考えるようになったのです。そして、今日、しつけという名目で、知らず知らずに子供を虐待している親もまだ存在しますが、大半の親は、タイムアウト（子供が悪さをした場合、タイムアウト用の椅子に座らせてじっとさせる方法）のような子育て法を用いています。

◆健全な感情的環境での子育て

私たちが昔を振り返り、子育てに関する暗黒時代を経験したと言うのは簡単です。でも、近い将来、それがまさに今日の子育てについて言われることなのです。

歴史は、現在の私たちの社会的慣行のほとんどを野蛮で残酷なものだと見るでしょう。私たちは今、すべての人が身体的に健康でいられるようにする方法を理解しています。けれど、私がここで言いたいのは、感情的に健康でいられるようにする方法をまったく知らないということです。

いくつかの稀な例外はありますが、人間の歴史上、今日に至るまで、よい子育てという考えの中に家庭の感情的な雰囲気のことが入ったことさえありませんでした。しかし、今、身体的レベルで子供にとってよい親でも、感情的レベルでひどい親かもしれないという理解に目覚め始めているところです。感情が、私たちの人生や人間関係の中心にあるものだと理解した時、これは、とてつもなく大きな意味を持つでしょう。

今日の世界で、私たちは、恐れそのもののように感情を恐れています。子育てに関するほとんどのアドバイスは、感情という世界を完全に無視しています。子育ては、もっぱら悪い行いを正す方法に焦点が当てられており、その悪い行いの根底にある感情やフィーリングには注意を払っていません。

私たちがどんなに進化したとしても、子育てのゴールは依然として、健全な大人になるように育てることではなく、素直で言うことを聞く子供にすることです。つまり、〝よい〟子供を育てることがゴールなのです。本当のよい子育てには感情が含まれています。そして、本当のよい人間関係にも感情が含まれています。

世の中にもっと健全な感情的環境を生み出すことは、私たちが子供にいかに接するかということから始まります。それから、その同じ基準を自分自身に対して、そして、友人や愛する人との関わり方へ適用していくことが必要です。

主として、親は以下に示す三つの重大な過ちを正す必要があります。そして、私たちもまた、お互いにそうしなければなりません。

私たちは、親のことを非難したり、誰かを罰したりする必要はありません。というのは、今日の世界で、感情的な安全が守られて育った人はほとんど存在せず、さらに、もっとよいやり方を知っている人など誰もいないからです。けれど、子育てと人間関係についての黄金律と言えるものが三つあります。それらは、はるかに健全な感情的環境を世の中にもたらすでしょう。

---

1 親は、子供の感情に対する非難をやめる必要があります。そして、自分自身の感情や周囲の人の感情に対する非難もやめる必要があります。

2 親は、子供の感情をはねつけるのをやめる必要があります。そして、自分自身の感情や周囲の人の感情をはねつけるのもやめる必要があります。

3 親は、子供の感情について、助言を提供する必要があります。私たち全員が、いかに感情が人生のあらゆる側面に影響を与えるのか理解する必要があります。そうすれば、感情にもっとうまく対処する方法を学べるでしょう。

◆健全な感情的環境を与えられない場合

前述の黄金律がどのようなものなのか、実際の場面で説明しましょう。

ウィリアムは、学校に行きたくないので、両親が連れて行こうとした時、泣き出しました。これをよしとしない親は、ウィリアムが言うことを聞かないので、叱りつけたり、悪い子だと言って一人にしたり、体罰を与えます。

子供の反応をはねつける親は、「おバカさんね。学校へ行くのを嫌がる理由なんてないでしょう。さあ、そんな顔をしないで」と言います。このような親は、クッキーをあげたり、外に見える牛を指差ししたりして、ウィリアムの気持ちをそらそうとするでしょう。

助言を与えない親は、悲しみや恐怖を感じても大丈夫だとウィリアムに言いますが、彼が自分の不快な感情に対処する助けをしようとはしません。そして、彼の感情はものすごく強烈なので、自分には対処できないと思わせてしまうでしょう。

親が健全な感情的環境を提供できない場合、どのような影響があるのでしょうか。

このように育てられた子供は、自分の気持ちをなだめることができず、健康上の問題が現れがちです。その子供は、家族の誰とも感情的につながることができず、自分は家族に属していないと感じます。そして、非常に重要なのは、彼らは家族と親密さを築くことができず、その結果として、孤立感を抱き、一人ぼっちだと感じるということです。

この孤立と孤独感は、もちろん大人になってからも続きます。彼らは、自分の感情をうまく扱うことができず、人間関係をうまくやるために苦闘するのです。そして、他人と親密になることをひどく恐れるでしょう。自分は無力だと感じ、共依存的な関係を築くことが多くなります。

◆健全な人間関係には感情が重要

私たちの親は、感情への健全な対処法を教えてくれませんでした。ですから、大人になっても、自分や他人の感情やフィーリングへの対処法がわかりません。お互いに、感情的につながる方法を知らないので、友情や恋愛関係は苦痛に満ちたものになるでしょう。

私たちは、真の親密さを築くことができません。自分やお互いの感情やフィーリングを非難し続け、相手がどう感じるべきかを主張するだけで、周囲の人の感情的ニーズに対する忍耐を持ち合わせていないのです。

多くの人が、感情やフィーリングを弱さだと考え、感情を表す人を〝敏感すぎる人〟と呼んでいます。その結果、大人である私たちの人間関係は、感情的に不健全なものになります。

以下に、感情的な機能不全が見られる人間関係の例を三つ紹介しましょう。

それが友情であろうと、恋愛関係であろうと、感情やフィーリングは、健全で有意義な人間関係の中心にあるものです。健全な感情的生活がなければ、どんな人間関係も単なる社会的取り決めになってしまいます。あなたが自分の感情やフィーリングとつながっていないなら、他の誰とも親密なつながりを築くことはできません。

1　女性は友人とランチに行きました。彼女は仕事で自分が考えていた昇進が叶わず、がっかりしています。彼女の友人は、否定的にならず、明るく前を向いたほうがいいと言いました。友人は、否定的な見方をしていれば、もっと落ち込むだけだと主張したのです。

2　夫が、夜遅く仕事から帰り、家に入った瞬間、妻が泣き始めました。それを見て、夫は「いつもオーバーすぎるよ。たった30分遅れただけじゃないか。更年期障害じゃないのかい。

医者に行ったほうがいいよ」と言いました。彼は妻の思いをはねつけて、テレビを見るため自分の部屋へ行ってしまいました。

3 男性は離婚に直面しています。その状況を友人に言うと、一緒にバーに行こうと誘ってくれました。そこで、出かけることにしましたが、誰一人として、彼が感情的につらい時期だということを理解してくれません。むしろ、そんなことは考えずに、お酒を飲んで、スポーツ観戦し、バーにいる可愛い女の子を見て楽しもうと言ったのです。

親密さとはセックスを意味するものではないと覚えていてください。セックスは、親密さがもたらす副産物ですが、親密さそのものではありません。

親密さとは、私たちの人生のあらゆる側面で、自分が本当はどんな人であるかを知り、それを他人にも知ってもらうことです。それは、人間関係において、あなたの真実を受け入れてもらい、他人に関しても同じようにすることです。親密さとは、ハートで出会うことであり、そこに共感と理解が生まれます。

親密さ（intimacy）という言葉は、［into］［see］［me］という三つの重要な言葉に分解されます。親密さとは、深くつながり、本当はどんな人かを知るために、お互いの中を覗き込むことです。もし、あなたという存在の中心にあるのがフィーリングなら、魂の言語もフィーリングということになり、それが親密さの最も重要な部分を作るものです。親密さとは、感情的なつながりであり、お互いのフィーリングを理解することにほかなりません。

◆相手の感情にどう対処するか

結論を言えば、〝感情は重要である〟ということです。健全で、長続きする人間関係を築くには、お互いのフィーリングの重要性と価値を理解し、お互いの感情に敬意を示さなければなりません。私たちは、言葉の裏にあるフィーリングに耳を傾けなければならないのです。自分自身を理解してもらうことに心を開き、他人を理解することに心を開かなければなりません。

他人にアドバイスをする前に、自分がその人のフィーリングと感情を理解すべきであると受け入れてください。もし誰かにどう感じるべきだとか、どう感じるべきでないと言うなら、その人に対して、自分のことを信頼しないように教えているということです。なぜなら、あなたは、その人に何か悪いところがあると言っているのですから。

私たちが最も格闘しているのは、ネガティブな感情です。ですから、それにどう対処しているかが、あなたの人間関係における感情的健康のよい指標となるでしょう。

私たちがネガティブな感情に対処する時、これらの感情に取り組み、相手と感情的なつながりを築き、さらに親密さを深めるためのステップがあります。これは、大人にも子供にも有効です。

1 相手の感情の状態に気づくようにしてください。

2 相手の感情には根拠があり、重要なものだと認めることで、それを大切に思っていることを示してください。

3 相手の感情に対して、共感的に耳を傾け、どのように感じているのか理解しようとしてください。そうすれば、相手は批判されることを恐れず、自分の弱さをさらけ出しても安全だと感じるでしょう。単に同意するのではなく、理解しようとするのです。

4 相手の感情を受け入れて、その存在価値を認めましょう。彼らが自分の感情に名前をつけられるように助けてあげましょう。

このステップで、彼らが自分の感情について持つ考えが正しいと認める必要はありません。むしろ、ありのままに感じていいと知ってもらうことが必要です。

たとえば、もし友人が、「私は役立たずだ」と言ったら、「その通り。あなたは役立たずです」と言って、相手の言葉を認めないでください。「私は、どのようにして、あなたが自分を無能だと感じるようになったのか理解できます。私があなたでも、同じように感じるでしょう」と言って、彼らを認めてあげてください。

5　彼らの感情を改善する前に、まずその人にありのままに感じてもらい、自分の感情を十分に経験してもらいましょう。

新しい感情へとシフトする準備ができたかどうかは、その人自身に決めてもらいます。いつまでに感じ方を変えるべきだという考えを押し付けることはできません。これは、何の条件もつけずに、ただ寄り添い、無条件の愛を与えるというステップです。

私たちは、彼らを〝修正〟するためでなく、サポートするためにそこにいるのです。もし彼らがサポートを受け入れなくても、怒らないでください。提供すること自体に、愛情深いパワーがあります。提供を申し出ることによって、あなたは愛そのものを差し出しているのです。それに対して、相手がどう反応するかは関係ありません。

6　彼らの感情が認められ、受け入れられ、十分に感じられたあとで、彼らが自分の感情に対処する方法を見つけられるように助けましょう。

これは、彼らがよりよく感じられるように、状況に対する新しい見方を提案するステップです。ここで、あなたからアドバイスを提供します。

◆自分自身にも同じ関係性の法則を適用する

感情的に健全でいたいと願うなら、あなたが自分自身との関係性の中にいるということを認め、そのことを受け入れなければなりません。つまり、あなたにとって自分の感情は重要なものだということです。これは、自分の感情をそのまま認め、それを無視したり、批判したりしてはならないという意味です。ですから、前に述べた6つのステップを自分自身との関係性に適用しなければなりません。そうすれば、あなたは自分を信頼することを学べるでしょう。

自分が感じていることについて、恥ずかしいと思わないでください。もし恥ずかしいと思っているようなら、あなたのフィーリングはおかしいと他人から非難されたことがあるのでしょう。でも、そのように思わせる確かな理由がなければ、そう感じることはありません。

あなたのフィーリングには根拠があります。あなたの感情には十分な理由が存在します。ですから、あなたがどう感じるべきだとか、どう感じるべきでないとか、誰にも言わせないでください。

あなたは、自分の感情を大切にしてもらえる人間関係を持つのに値します。そして、そのような人間関係へと最も早く到達する方法は、あなたの感情は自分にとってとても重要だと決心することです。

ネガティブな感情を経験した時、自分を見捨てないようにするなら、いつでもあなたは自分の味方だと信じられるようになるでしょう。そうすれば、心の中に深い安らぎが訪れます。

自分の境界線に気づくようになったら、それを守ることができます。もし自分の境界線を侵害しそうだと感じれば、先へ進む前に立ち止まって、進路を変えるべきだとわかるでしょう。境界線をきちんと保つことが、自分を信頼するために重要です。さらに、他人とのつながりを持つためにも不可欠です。

◆恐れと心配は決して安心を生まない

恐れと心配は、密接に関係しています。なぜなら、恐れは将来についてのものだからです。それは、あなたが起こってほしくないと思うことだったり、どうしても防ぎたいと思うものです。もし人生で耐えられないようなことを経験し、特に、それがこれまでで最もつらいものだったと言えるようなものなら、私たちは、将来またその苦しみを経験するかもしれないと予想するでしょう。そうすれば、当然ながら、心配になるはずです。

今日の世界では、ありとあらゆる場所で、私たちは、心配すべき事柄や心配してほしいと思っている人々に遭遇しています。テレビのニュースをつけてみてください。明らかに、危険があらゆる場所に潜んでいるというのが、人類の集合的な信念になっています。

私たちは、心配することで、自分や愛する人たちを苦しみから遠ざけられると信じています。心配すれば、命に関わる可能性のあることや不快なことがやってくる前に見つけることができ、それらを回避する準備ができると思っているのです。もし危険な事柄を防ぐ方法を見つけられなければ、生き残るための基本的ニーズは確実に危険にさらされます。このようにして、私たちは心配することによって、自分の敵を出し抜こうとしているのです。

もし私たちが恐れと苦闘しているなら、敵は宇宙全体のように思えるでしょう。それは次のような理由からです。

心配している人は、自分の現実を作っているのが誰であろうと、それは権威を持つ人だと信じています。そして、その権威者と関係する人格特性を宇宙の賜物だとし、自分が宇宙からも同じ扱いをされることを期待します。つまり、自分が母や父、あるいは他の権威者から受け取ったのと同じ苦しみを宇宙からも与えられると思うようになるのです。

ですから、心配している人は、自分で現実を創造できると信じていないということがおわかりになったはずです。さらに、自分は不十分なので、愛や報酬やよいことを得るのに値しないと、心の奥で信じています。むしろ、自分は罰を受けて当然だと思っています。

何よりも、状況に対処できないと感じている人たちは、心配ばかりしています。そして、予測することで、ひどく傷つかなくてすむと思っているのです。私たちは、崖っぷちに近づく前から、危険から逃れられる方法ではなく、近い将来の落下のことばかりに焦点を当てています。

この状況の背後で、起こっていることについて説明しましょう。

私たちは波動でできている宇宙に生きています。たとえば、危険から逃れるために、私たちが探し求めている解決法は、今、頭を悩ませている問題とは違う波動を持ちます。あなたは問題に集中しながら、同時に、解決法と波動的に一致することはできません。なぜなら、それは波動的に矛盾するからです。

心配が、いい気分のするものでないのは、このような理由からです。

あなたのマインドに心配しかない時、解決法がやってくることはありません。でも、もし意識的に解決法を見つけるほうへ焦点を向ける選択をすれば、私たちのマインドとエネルギーは、自然に解決法が現れる状態と共振するでしょう。私たちは、問題に対する解決法、すなわちひどい状況の解決と波動的に一致することになります。

しかし、次のことを理解するのが重要です。

私たちは、心配が私たちを安全な状態にしてくれると思っています。あるいは、少なくとも、自分の苦痛を和らげてくれると思っています。しかし、心配している限り、あなたが安全だと感じることはなく、苦痛を感じてしまいます。ですから、おそらく安全も楽しみも経験せず、人生を過ごすことになるでしょう。

心配はあなたを喪失したままの状態にします。それは、自分や愛する人が死んだり、傷ついたりするという現実にあなたを置き去りにします。現実とは、マインドが認識したものです。つまり、あなたのマインドが焦点を当てたものにほかなりません。マインドは、あなたが考えていることと、実際に起こっていることの違いがわからないということは、すでに科学的に証明されています。ですから、もし最悪のシナリオに焦点を当てているなら、あなたが認識できる唯一の現実は、その最悪のシナリオです。

あなたの心配している人が生きていて、元気であったとしても、あなたのマインドの中で、彼らはすでに傷つき、死んでいます。あなたは、自分のマインドの中で、その人たちを死んで、傷ついた状態にしているのです。

ここで、少し過激な考えを述べたいと思います。

心配することによって、私たちは、物質的にそれが起きていなくても、それが起きて現実になっているという恐れの中で生きています。心配は、私たちが現実をありのままに見られないようにします。それは、〝今という瞬間〟を存在させなくするのです。

存在する唯一のものは、私たちが対処できない未来です。そして、私たちが心配していることが今起こらなければ、あなたは別の何かについて心配するでしょう。

次に紹介するワークは、心配の対処法として大いに役に立つはずです。

心配を手放すファーストステップ

心配しているおかげで、自分や愛する人たちが生きていられるとずっと信じてきた人が、急にすべての心配を手放すことなどできないでしょう。さらに、誰かのことを心配するのは、その人を愛しているという意味だと信じていたのですから、心配するなと言っても到底無理なはずです。しかし、あなたは今、それが事実ではないことに気づきました。

では、あなたの心配事に対して、どうすればいいかを紹介しましょう。

1 自分の心配な思いやフィーリングを認めて、観察してください。いつものように、それを無視したり、闘ったり、コントロールしようとしないでください。そうではなく、部外者が見ているように反応や批判をせず、ただ観察しましょう。それに対して自分のエネルギーや注意を与えず、単に観察し、認めるのです。

2 心配するのをやめようとしないでください。心配をやめるように自分に言ったり、無理やりやめようと抵抗しないでください。思考の中断は裏目に出てしまいます。なぜなら、あなたが避けようとしている思考にさらに注意を向けさせてしまうからです。

ついでに言えば、自分のマインドが現実を作っていると信じる人の中には、何かについて心配していれば、その心配事が現れてしまうと怖がっている人もいます。このような心配をする必要はありません。宇宙は、波動によって作られています。心配と、私たちが心配していることを経験させることは、波動的に一致していません。ただ、私たちをもっと心配させるような状況を経験させる波動とは一致しています。

3　現在の瞬間に意識を集中してください。

あなたのマインドに心配事がパッと現れたら、「今まさにここで、何が起こっているだろうか?」と意識的に自問してください。今この瞬間における感覚をすべて列挙しましょう。たとえば、身体がどのように感じるとか、呼吸のリズムや絶え間なく変わる感情、マインドに流れてきた思考などです。もし特定の思考から抜け出せなくなったら、今この瞬間に注意を戻しましょう。これを続けていくうちに、今この瞬間に、何も問題はないということがわかるはずです。

たとえば、あなたは飛行機が墜落することについて心配しているかもしれませんが、今ここであなたは部屋にいて座っています。部屋の中は静かで、何の騒音も聞こえず、何も起こっていません。とりわけ、飛行機の墜落事故などは、今この瞬間、起こっていないのです。

心配事の日記をつける

もし心配な気持ちに圧倒されることが多いようなら、心配事の日記を始めましょう。このノートには、あなたが心配したり、起こってほしくないと思うものすべてを書き出してください。それを書き出すことで、頭の中から取り出し、それに対処する時間ができるまで保留にしておくことができます。

日記を始めるにあたって、あなたを心配させているものを書き出すための時間を設定してください。寝る前や起きたばかりの時間は避けましょう。あなたのすべての心配事を、ノートの上に吐き出すのです。もしいつも心配ばかりしているようなら、毎日同じ時間に行う必要があるでしょう。そうすれば、あなたのマインドが安心するはずです。心配事の日記を書く時間が来るまで、心配するのはお預けにしてください。もし心配事から注意を離せなくなったら、とりあえず日記に書いて、決めた時間が来るまで脇に置いておきましょう。

このように、心配するのを先延ばしすることは効果的です。というのは、今この瞬間、くよくよ心配する習慣を断ち切ることになるからです。その考えを抑圧したり、批判したりするのではなく、ただ後に回すだけです。自分の不安な思いを先延ばしする能力を身につけたら、思っていたよりも容易に心配をコントロールできることに気づくでしょう。

そして、時間がある時、自分のリストを分析し、今ここで対処できる心配事を選《よ》り分けてください。これを「対処可能な心配項目」と呼ぶことにします。もし選り分けるのが難しければ、毎日、一つだけ選んでそれに対処しましょう。たとえば、あなたは、「旅行に行くので、「飛行機とホテルの予約について心配しています」と書いたかもしれません。これは、対処可能な心配事です。なぜなら、今すぐネットで検索して、予約するという行動を起こせるからです。

うまくできるようになってきたら、できるだけ多くの対処可能な心配項目に対処してください。それぞれについて的確に判断し、それに対処するための具体的なステップを見つけて、実行に移します。これは、あなたの思考を問題から解決法へと移行させます。計画ができて、問題について何かをやり始めることができたら、あなたの心配事ははるかに減少するでしょう。

さらに「私が現在直面しているのは、本当に重要な問題なのだろうか、それとも〝もし～したら？〟という想像上の問題なのだろうか？」と自問することが大切です。

もし想像上の問題なら、その問題について今できることで、あなたの気分が少しでもよくなるようなものはないでしょうか？　これは、波動のゲームのようなもので、自分が心配しているものへの抵抗を手放して、いい気分になれる方法を見つけ出すものです。

自分のリストにあるすべての対処可能な心配項目に取り組んだら、残っているのは、あなたが対応できない解決不可能な心配事だけになります。それらに対しては、心配を続けても、何の役にも立たないと理解することが重要です。

それはまさに行き止まりです。実のところ、あなたは波動のマッチングについて知っているので、そのことを考えれば、自分の大切なエネルギーを問題をもっと大きくすることに消費してしまうだけだとわかるはずです。これは、非生産的な悩みはただ手放して、自分が変えたり、コントロールできるもの、つまり対処可能な心配項目に焦点を当てる動機となるでしょう。

火星人ゲーム

自分が他人にどう思われているかを心配しすぎるせいで、多くの人が孤立しています。あなたが相手のことを考えている時、相手が自分についてどう思うかと心配することはできません。

では、私が火星人ゲームと呼ぶものをやってみましょう。

あなたがとても心配している人たちについて理解することに、全注意を集中してください。傷つきやすい仲間の一人としてではなく、他の星からやってきたように、彼らのことを観察してください。観察したことを心の中でリストにしましょう。このことが、あなたを心配の状態から外へ連れ出してくれます。

あなたが火星人で、人間のデータを集めているふりをするのは楽しいはずです。人間がしていることに気づき、自分の恐れのことは忘れて、彼らについて話しているうちに、人目があまり気にならなくなるでしょう。そして、彼らは、あなたからずっと望んでいた何の判断もない無条件の注目を感じるでしょう。これは両方にとっての利益となります。

ズームアウトして大きな問題に目を向ける

ズームアウトとは、本当に心配する価値があるかどうかを判断するための方法です。

あなたが何かを心配している時、それはたいていの場合、全体から見るとそれほど大きな心配事ではありません。ですから、ここでのズームアウトというのは、自分が今心配しているものよりもはるかに大きな心配事について考えるということです。

たとえば、今あなたは、学校の課題が間に合わないとか、仕事をクビになることを心配しているかもしれません。

そのような事柄に注意を集中するのではなく、ズームアウトして、世の中にあるもっと大きな問題へと目を向けるのです。例を挙げれば、発展途上国や戦争で荒廃した国の人々が直面している問題などです。そこに住む人々は飢えに苦しみ、目の前で子供たちが死んでいます。また、難民になり、迫害から逃れようとしています。

あなたのマインドがはるかに大きな問題について考えている時、あなたは今夜のパーティに必要な食器がそろっているかという心配はしないでしょう。この方法は、あなたの足をしっかりと大地につけさせてくれます。

自分の焦点を変えるもう一つの方法は、過去の出来事で、もしかしたら、はるかに悪い結果になっていたかもしれない経験について考えることです。その状況を思い出せば、つまらないことや、〝もしそうなったら?〟という想像上のことについて心配するのはやめるでしょう。

死の床を想像する

もう一つの方法は、自分が死の床にいるのを想像して、何かについて心配するのをやめることです。その状態で、自分にとって何が重要かを考えてみてください。それから、あなたが心配していることについて考え、「私はこのことを大事に思っているだろうか? 死の床にいる時に心配すべき重要なことだろうか?」と自問してみましょう。

◆なぜいつも最悪のことを予想するのか

何かを楽しみにしている時のフィーリングは、私たちが人生で経験する最高のフィーリングの一つです。私たちは、ここにいることにワクワクし、私たちの未来はいい感じがするものであふれていると信じることができます。私たちは、光のほうへ向かっていて、自分の願望は手に入ると感じます。でも、このように感じない人、あるいは感じられない人はどうなるでしょうか?

非常に多くの人は、何かを楽しみにするのではなく、最悪のことを予想しています。このような最悪の予想は、自分の未来に不信感を抱かせ、恐れさせます。私たちは苦しむ運命にあり、未来には悲劇しかないように感じるのです。光に向かっているのではなく、見通しの悪いカーブを歩いていて、言いようもない暗闇の中へと入っていくように感じます。そして、自分の願望は絶対に叶うはずがないと感じています。

最悪の状況に備えて準備することは、私たちの多くが子供時代に教えられた対処メカニズムです。それは、私たちが自分の現実を作っているのではなく、人生は降りかかってくる悲劇だと信じている大人によって育てられた人が持つ生き残りの方法です。最悪に備えることは、傷ついたことがある人、特に、何度も何度も傷つけられた人にとって、この世で生き残るためのメカニズムになります。

最悪を予想することの一番の苦痛は、まだ起こっていないうちに嘆き悲しむことです。私たちは、人々が去る前から、もう寂しく感じます。他人からガッカリさせられる前から、失望感を抱きます。

愛する人がまだ生きていて、自分の人生の一部であるうちから痛烈な喪失感を感じます。

では、これはどのようにして起こるのでしょうか？　たいていの場合、私たちに深い影響を与えたトラウマ、つまり悲劇的な状況によるものだと思えます。それを今でも思い出しているのかもしれません。あるいは、それが潜在意識の深いところに押し込められているのかもしれません。どちらの場合においても、その初期の悲劇が、自分でも気づいていないうちに、あなたを将来の悲劇と波動的に一致させているのです。その理由は、もともとの苦しい出来事によるつながりの喪失を十分に悲しまなかったからなのです。

これを解決するには、心配という感情の抑圧をやめる必要があります。私たちは、過去に起きた悲劇的な出来事を深く悲しむことを自分に対して許す必要があります。そのためには、自分の感情を感じ、それを十分に経験するようにしなければなりません。自分から進んでもっと感じようとすればするほど、過去のネガティブな経験への抵抗は少なくなり、それが再び起こることへの心配も、それを防ごうとする気持ちも減少するでしょう。

私たちが怖いと思っているものには、何が起こるかわからないということが含まれます。これは悪いことが起こるかもしれないという意味なので、確かに、恐ろしいことです。しかし、他方で、この不確実さを都合よく解釈すれば、よいことも起こりえるということになります。

本当のところ、自分には何が起こるかわからないと認めることができれば、１００％知っているとは言えないので、何か悪いことが起こるという疑いもなくなるでしょう。このシンプルな認識によって、何か悪いことは避けられないという信じ込みを手放し、自分の感じ方を変えて、波動を高めることができます。

もう一つの方法は、最悪のシナリオが起こると思ったけれど、実際には起こらなかった時のことを思い出してください。

もしかすると、あなたは、交通事故に遭った愛する人が亡くなるとか、昏睡状態のままになると心配したかもしれませんが、幸いなことに、それは現実にはなりませんでした。彼らは完全に回復したのです。この時のことを書き留めれば、あなたのマインドは、いつも心配していることが必ずしも的中するとは限らないとわかるはずです。

自分がよい気持ちになる一日を計画する

あなたの恐れや心配のレベルをコントロールする最善の方法は、毎日、自分がコントロールでき、楽しめるようなものを計画することです。

小さなことから始めてください。もし悲劇やひどい失望を予想しているなら、物事が大きければ大きいほど、自分が望んでいればいるほど、ますます失敗に終わると感じるでしょう。ですから、あなたが楽しめて、起こりやすいことから始めてください。

たとえば、友人との休暇はなかなか実現されず、ガッカリするかもしれませんが、ランチなら、おそらく実現するはずです。ですから、今日、友人と一緒に楽しいランチをする計画を立ててください。

それから、積極的に計画する習慣をつけて、あなたが毎日楽しみにできるような小さなことをたくさん予定に入れましょう。たとえば、映画を見たり、ご馳走を食べに行ったり、散歩したり、浜辺に座ったり泳いだり、誰かを訪問したりするようなことです。自分の計画の実現を楽しみにして、それがうまくいけばいくほど、もっと大きな計画を立てやすくなるでしょう。そして、それが大失敗すると恐れる気持ちも少なくなります。

これはあなたの人生をよくするための素晴らしい方法です。なぜなら、あなたは慎重な選択をしているからです。目を覚まして、自分の気持ちを落ち着かせるのは、あなたの選択です。朝、ランニングに行くのはあなたの選択です。一日中いい気分でいられるような朝食を作るのは、あなたの選択です。着心地のよい素晴らしい洋服を選ぶのは、あなたの選択です。

あなたの思うままに、いろいろな選択に集中していれば、もっと容易に毎日の生活を楽しみにできるでしょう。なぜなら、それと同時に、自分の人生で選択できず、無力の状態にいることは不可能だからです。選択は無力とは正反対のものです。

恐れに対して、愛のある責任を取る

一日の終わりに、あなたが安全で幸せだと感じられることが最も重要です。今あなたは、自分が人生の多くのことをコントロールしていて、悪い気分ではなく、いい気分になれるような選択ができるとわかっています。けれど、自分が安全だと感じることとまだ闘っているとわかったら、安全だと感じるためのリストを作りましょう。

次に、あなたを安全だと感じさせるような事柄のリスト例を紹介します。

・毛布の中にくるまる。
・抱きしめてもらう。
・湯船に浸かる。
・湯たんぽを抱きかかえる。
・不安で仕方がない自分の部分と話をする。
・アプリコットやカモミールの香りやパンを焼いている匂いを嗅ぐ。
・温かいお茶を飲む。

・心が落ち着く曲を聴く。
・コメディ映画を見たり、お笑いを見る。
・青色のものを眺める。
・料理をする。
・安全だと感じ、身体をリラックスさせる誘導瞑想をする。
・自分が感謝していることを書き出す。
・他人から励ましや慰めをもらう。
・あなたが安全を感じる方法のリスト、もしくは、あなたが安全ではないと感じるもののリストを作る。
・屋外で横になり、太陽の光を浴びる。
・心の中で安全を感じる場所へ行く。

不安を感じたら、このリストを見て、その中の一つを選び、それに注意を集中しましょう。さらに、あなたは、自分がもっと安全だと感じるような選択をすることができます。たとえば、もし特定のパーティへ行くのに不安を感じたら、行くのをやめるか、あなたが安心できるような人と一緒に行きましょう。

◆恐れそのものを受け入れる

人生や人間関係においては、怖くて前に進むのは無理だと感じることが数え切れないほどあるでしょう。このような状況においては、恐れが消える前に、まず行動を起こさなければなりません。たいていの場合、人々は、恐れがなくなるまで行動を起こそうとしませんが、人生はそのようなやり方で生きるものではありません。

恐れの感情を避けながら人生を生きている人は、本当に生きているとは言えません。そのような人は、決まり切ったいつものやり方で当てもなく人生を生き、最終的に、安全に死へたどり着くだけです。恐れながら人生を生きる人は、その恐れの中に埋め込まれた重要なメッセージに耳を傾けていません。彼らは、限界や警告のサインを無視して、自分自身を大切にしていません。これは、最終的に、苦しみと崩壊へと導くでしょう。

私たちの人生は、自分の恐れに対して、心から責任を持てるかどうかによって決まるのです。

恐れを制圧しようとか、乗り越えようとするのは、分離そのものから自分自身を分離させようとしているにすぎません。恐れの反対は愛であることを忘れないでください。恐れに対する最終的な答えは、自分の中に存在する恐れている自己を愛し、あなたが最も恐れている自己を愛することです。恐れそのものを受け入れることによって、私たちは恐れを消し去ります。恐れそのものを受け入れることで、私たちは、内側での結合とつながりを再び取り戻すことができるのです。

第4章

つながりを創造する

◆つながりを創造する

この本の前半で、孤独の三つの大きな要因である「分離、恥、恐れ」について学びました。それから、これらの要因を取り除く方法についても見てきました。

次にすべきことは一つしかありません。つながりを創造することです。

つながりは、あなた自身と他のものを結びつけるものだと考えているかもしれません。しかし、ワンネスの状態であれば、あなたは分離することも、つながることもできません。なぜなら、あなたは他のすべてであり、他のすべてはあなたであるからです。言い換えれば、ワンネスの状態では、つながる必要はありません。

ワンネスとは、この宇宙の究極の真実ですが、物質的次元で、私たちは別個の物質的な生命を生きているのです。時折、それをちらりと垣間見る人はいるかもしれませんが、ほとんどの人は、ワンネスを認識できません。つながりは、欠如も距離も分離も存在しないワンネスの状態へと、私たちが一番近づけるものです。

真のつながりとは、強制されたものではなく、自分が意識的に選んだ人との結びつきです。ですから、私たちは、それを創造し、それを維持することに集中しなければなりません。この章では、長く続くつながりを創造することについてお話ししたいと思います。

◆つながりの主要因である親密さ

〝親密になる〟という言葉を聞いた時、多くの人はセックスのことを思い浮かべます。親密さについてこのような理解しかしていなければ、友人や同僚、兄弟や親と親密な関係を築くと考えた時、脅威を感じるでしょう。しかし、親密さとは、セックスのことではありません。

もちろん、私たちは、特定の状況で、セックスは親密さの副産物になることを知っていますが、それは親密さそのものではありません。親密さとは、あらゆる側面であなたが本当の自分を知り、他人にも知ってもらうということです。ですから、親密さは、つながりの主要因なのです。

親密さとは、あなたが自分の真実をもたらし、それを相手に受け取ってもらい、その一方で、相手も自分の真実をもたらし、それを受け取ってもらうというものです。親密さとは、ハートの中心で出会うことです。そこは、共感と理解が生まれる場所です。

親密さとは、他人と深くつながることができるように、お互いの心を覗きこむことです。そして、お互いを深く見て、感じ合い、耳を傾け、認識し、理解することです。誰かと真の親密さを築くには、彼らについて何でも知っている専門家になろうと決心しなければなりません。

多くの人は、親密さを恐れています。それは、現代において、健全で愛に満ちた関係性を築き、それを維持する方法を知る人はほとんどいないからです。そのため、過去に誰かのことを信頼して、傷つけられ、裏切られ、拒絶され、罰せられ、無視された経験を持つ人がたくさんいます。私たちは、自分が他人と一緒にいることは不可能であると学んだのです。

しかし、真のつながりを築いた場合、私たちは相手のハートやマインドや身体と合体しながらも、自分の自主性や健全な自己の感覚を維持できます。真のつながりにおいては、誰かとつながっても自分自身を失うということはありません。それと同時に、孤独感がなくなるほど深くつながることができるのです。

もし人々とつながると自分自身を失うように感じて苦闘しているなら、他人に近づいたと感じるたびに相手を遠くへ追い払っているでしょう。人とつながると、自分が見捨てられると心配しているなら、いつも相手にしがみつき、つながりの強さをテストしようとするかもしれません。その結果、関係性は耐えられないものになり、健全なつながりの感覚を持つことはできません。

いかなる種類の関係性でも、私たちは自分自身のすべての痛みとともにその関係を始めています。相手の人も過去の関係性において痛みを経験しており、その痛みを新しい関係にもたらします。そして、私たちの両方が、過去に学んだ通りの行為をするのです。その行為とは、自分の内面の世界を守り、さらに傷つけられないように隠しておくことです。これは、一つのことを除いては、非常によいことに思えます。その一つのこととは、そのせいで、私たちの多くが、ありのままに見てもらえず、感じてもらえず、聞いてもらえず、理解してもらえないということです。それは、どうしようもないほどの寂しさをもたらすでしょう。

◆親密さを避ける

親密さをものすごく恐れている人たちがいます。その結果として、彼らは、自分で気づくことなく、親密さを避けようとしています。彼らは、親密さが不愉快な気分へと導くことを恐れているのです。たとえば、もし誰かに、自分の真実を見せたら、それに耐えられないとか、受け入れられないと思われるのが怖いのです。また、他人が自分の真実を知れば、それを利用して、自分を支配したり対抗しようとするだろうと考えます。もし他人が自分の弱さや傷つきやすさを知れば、彼らの利益になるように、それを利用するのではないかと恐れているのです。

もし彼らが私たちに親密さを与えてくれたら、私たちは恩を感じて、お返しに彼らを幸せにしなければならないと感じるかもしれません。そして、その結果、自分の自由を失ってしまいます。もし彼らが私たちの何か悪いところを見つけたら、私たちに恥ずかしい思いをさせ、私たちを見捨てたり、拒絶したりするかもしれません。もしそんな彼らを受け入れたら、私たちは完全に飲み込まれてしまい、もう自分自身ではいられなくなってしまいます。さらに悪いことに、彼らが去ってしまえば、私たちには何も残されないでしょう。

親密さに取り組むもう一つの方法は、次のようなものです。

あなたが誰かと本当に親しい状態で、二人の間に隔たりは存在しないと想像してみましょう。その人が本当のあなたの真実を見て、感じ、聞いて、理解し、永久にあなたにつながっているとイメージするのです。

最初、これを想像すると、非常に深い恐れを感じるかもしれませんが、それにはもっともな理由があります。その恐れは、子供時代に、私たちのフィーリングや思いや願望が我慢ならないと言われた反応に基づいているのです。ここでは、あなたがその恐れについて理解し、それを乗り越えられるようお手伝いをしますが、まず最初に、それがどこからやってきたのかを理解する必要があるでしょう。

子供は、自分の親の近くにいたいという自然の衝動と本能を持って生まれてきます。親密さは、私たちにとって自然なものです。親と親密であるということは、子供が自分のニーズを満たしてもらい、守ってもらい、不快な時には慰めてもらえることを約束するものです。

しかし、あなたに対する親の反応の仕方によって、親密さが安全なものであるかどうかが決定します。もしあなたが親密さへの恐れを抱いているとすれば、それは、親があなたのニーズを退けたか、そのニーズを恥ずかしいものだと感じさせたのでしょう。

すでにお話ししたように、このような家庭では、子供のフィーリングや思いや願望は、親に受け入れてもらえません。その経験から子供が受け取るメッセージは、子供が感じたり、考えたり、望んだりしていることは、間違っていて恥ずかしいものであり、親のフィーリングや思いや願望と対立しているというものでした。これが起こった時、私たちはまだ子供だったので、そんなことは馬鹿げていると思うのではなく、親の言っていることが正しいに違いないと結論づけたのです。

その結果として、肉食動物が獲物を飲み込むように、親は私たちの真実を飲み込んでしまいました。私たちがそうさせたのです。それは、衝突することから自分を守り、見捨てられないようにするための方法でした。そして、私たちは、自分自身を失ってしまいました。

突き詰めると、私たちのハートはずっと以前に壊れていて、それから癒やされることはなかったのです。なぜなら、その痛みを解決して、本当の自分を見てもらい、聞いてもらい、感じてもらい、理解してもらうやり方を見つけられなかったからです。私たちは、愛に満ちた温かなやり方で、自分のニーズを満たしてくれる人が存在することが、一体どんな感じのするものなのか見当もつきません。そして、壊れたハートで関係を築いて、お互いがハートを癒やす方法を知らないために、もっと胸張り裂けるような経験が待つシナリオへと突入しているのです。

親密さには否応なく、傷つきやすいフィーリングが含まれます。なぜなら、親密さを恐れている人は、回避によって、自分自身のフィーリングに対処することを学んだからです。これは自然に、そのようなフィーリングを引き起こすものを避けるだけでなく、自分のニーズやフィーリングや願望のすべてを抑圧することへと導きます。このようにして、親密さは、いかなる代償を払ってでも避けるべきものになります。たとえ、親密さが自分の一番抑圧されたニーズであるとしてもです。

残念なことに、私たちが自分のニーズやフィーリングや願望をはねつけると、他人にも同じことをしてしまいます。私たちは他人を見たり、感じたり、深く理解したいとは思いません。なぜなら、自分だけが他人を受け入れ、我慢し、ケアしなければならず、そのお返しはしてもらえないという子供時代の深い不公平感を呼び起こすからです。

もし親密さで苦労しているなら、子供時代の人間関係における経験を繰り返しているかもしれないことに気づいてください。自分が、他人の欲求やニーズ、フィーリングや思考、願望を受け入れられないことを認めましょう。子供時代の経験がいかに耐えられないものであったかを思い出せば、むしろ自分が必要としていたものを理解し、その経験を他人に提供できるようになるでしょう。それを他人に与えるたび、あなたは自分の中にいる子供にも同じものを与え、そのような痛みの存在しない世の中を創造する助けをしているのです。

◆親密さはまったく新しいもの

もしあなたが親密さを恐れていたり、つながることと苦闘していたりするなら、最初にすべきことの一つは、自分はゼロから、誰かと親しくなったり、つながる方法を学ぼうとしていると受け入れることです。どうやってよい関係性を築くのか見当もつかないと認めることから始め、今ここで、一からそれを学ぶことを優先させてください。

あなたにはよい人間関係の手本がなかったのですから、どうやって学ぶことができるというのでしょうか。お手本なしで、できるはずはありません。もう一度初めからやる気になって、古いパラダイム（物の見方や捉え方）は捨て去りましょう。これは、科学者が自分の説は間違いだったと知り、それをくしゃくしゃにして、ゴミ箱に放り投げるようなものです。私たちは、自分から進んでこのようなことをしなければなりません。そして、人間関係の新しい築き方に心を開きましょう。

もしあなたが親密さを恐れているなら、他人と親密になりたくないと思う自分の一部分、つまりそのようなインナーツインを見つける必要があるでしょう。これらは、あなたのフィーリングや考えや願望が、両親に受け入れてもらえなかった時に傷ついた内なる側面です。さらに、傷ついたこれらの側面を守ろうとして、あなたが生み出した他の内なる側面と向き合う必要もあるでしょう。

あなたはこれらの側面すべてを見つける必要があります。そして、それらと話をし、それらを理解し、それらを感じ、それらを見つめ、子供時代に受け取れなかった親密さを与える必要があります。そうすれば、あなたの内なる側面は、親密さを得るにはあなたが何をする必要があるのか、また他人に何をしてもらう必要があるのかを話してくれるでしょう。

さらに、相手からの合図を見つける練習をしてください。他の人からあなたが認められず、サポートも得られなかったので、その人たちを締め出すと決めた時、あなたが彼らを追い出した可能性は高いでしょう。あなたは、彼らに波長を合わせないと決めたのです。それは、他人からの微妙な合図、あるいは明確な合図を無視したり、はねつけたりしているという意味です。

このことは、世の中や親密さをもっと危険なものにするという悪循環を生み出します。つまり、あなたが相手の合図を捉えられず、それによって自分の行動を調整しないなら、相手はあなたが彼らのことをあまりよく思っていないと感じるでしょう。そして、あなたが思いやりに欠ける人で、信頼できないと考えます。さらに、彼らは守りの姿勢に入り、あなたの利益も考えなくなります。その結果、敵対する関係になり、どちらにとっても安全ではなくなります。
しかし、あなたが相手の合図に気づいて、人々が安全だと感じられるように反応すればするほど、彼らはあなたのニーズや個人的な真実、あなたの利益をもっと大切にしようと思うでしょう。ですから、一日を通して、あらゆる社会的接触の中で、他人の感情を読む練習をし、あなたが正しく認識しているかどうかをチェックしてください。

もし親密さを恐れているなら、あなたは本音で生きていません。周りに人々がいる状況で、本当の自分でいようとするのは怖いことです。なぜなら、あなたが両親にそうした時、とても傷ついたからです。しかし、本当の自分ではない人生で感じる痛みに気づいてください。フランスの女流作家であるアナイス・ニンは、「蕾を固くしている危険性が、花を開く危険性よりも大きな痛みもたらす日がやってきた」と記しています。

あなたは、まだその時点に到達していませんか？　それとも、その日はもうやってきたでしょうか？　もしそうであるなら、本当の自分になると決めてください。

◆優先順位を設定する

親密さへの恐れから、あなたは無意識のうちに、自分の傷つきやすさや強烈な感情やニーズを経験しなくてもすむ領域を優先するようになります。ですから、あなたはもっぱら仕事や趣味に集中するかもしれません。しかし、それを共有する人がいなければ、どんなに成果をあげようと無駄に感じられるでしょう。

あなたが本当に望み、必要としているのは、つながりであり、親近感であり、誰かに本当の自分を見てもらい、感じてもらい、聞いてもらい、理解してもらうことです。これを手にするためには、人間関係を最優先しなければなりません。あなたは、自分の能力や功績とは関係なく、ありのままの自分を愛してもらえるということを知る必要があります。自分の傷つきやすさを心地よく感じられるように努力してください。それは弱さではなく、強さなのです。それは、自分の弱さをさらけ出す大きな勇気を持っているということです。

もし自分の傷つきやすさを認めて、それを共有する選択ができれば、私たちは、自分がつながりたいと思う人とつながっていられるでしょう。私たちは真実の関係性を築くことができます。私たちは本当のニーズを満たすことができます。そして、心地よい人間関係にすることができるのです。

そんな時、ネガティブなフィーリングよりも、ポジティブなフィーリングのほうが親密さへの恐れを引き起こすことに気づくかもしれません。その理由は、相手があなたのことを愛していて、愛を表現し、つながりを望んでいる時、それがあなたの可能だと思っていることや、自分自身に対する見方と対立しているからです。

その結果、あなたは相手の愛情に対して疑いや不信感を抱き、無意識のうちに、自分が子供時代に抱いた根深い感情が呼び起こされるかもしれません。その感情の痛みから逃れるために、あなたはポジティブなフィーリングを断ち切り、関係性に問題や緊張を生み出して、自分を愛そうとしてくれている人を遠ざけるでしょう。

自分が人々を遠ざけようとしている時、そのことに気づくのが重要です。それは、あなたの言葉や行為で、そのように感じられるものがあったかと、相手に尋ねるとわかります。自分についてもっと知るために、相手の答えとしっかり向き合う必要があるでしょう。

どんなに親密さを恐れているとしても、自分のニーズを見つけて、それを認めることが重要です。たとえ怖いと感じても、自分のニーズを他人に表現し、それを満たすような選択をしてください。

もし正面から伝えることができなければ、間接的に伝えましょう。一枚の紙にあなたの持つさまざまなニーズを書いて、家の中の見える場所に置いておきましょう。誰かがそれらのニーズを満たしてくれることを期待したり、巧みに操ってニーズを満たしてもらおうとするのではなく、他人に自分のニーズを満たしてもらいたいという自分の弱さをただささらけ出してください。なぜなら、彼らはそれを望んでいるからです。そして、あなたの幸せは、彼らの幸せでもあるからです。

幸いなことに、同じようにつながり、親密になりたいと思っている人と出会った時、子供時代の経験とは違う経験をすることでしょう。これがヒーリングというものです。相手がぴったりの人であれば、あなたの真実を受け入れてくれるだけでなく、あなたを愛し、あなたのニーズも満たしてくれるはずです。なぜなら、そうすることで、相手も喜びを得られるからです。

◆深い孤独感はパラレルな現実によって引き起こされる

親密さなどなくても大丈夫だと思いたいかもしれませんが、それは真実ではありません。子供時代に親密さがなければ、私たちは、自分という存在の感覚を発達させることができず、まるでパラレルな現実に存在するかのように感じ始めます。その深く孤立した状態のせいで、たくさんの人がいる部屋にいても、自分は一人ぼっちだと感じるようになるのです。

多くの人は、愛する人の死のようなものを経験して、パラレルな知覚的現実による孤立感というものが初めてわかるようになります。強烈な悲しみを経験した時、あなたの世界は止まってしまいます。あなたは、痛みと将来に対する恐れという現実の中にいて、時間の流れが他の人とは違ってくるのです。

その間、他の人たちはみんな微笑み合いながら、仕事や休暇について話し、いつものように人生を過ごしています。彼らは一緒にバーに行って、元気を出そうとあなたを誘ってくれるでしょう。物理的には、二人の身体は同じ場所にありますが、まったく違う現実を生きているのです。最悪なのは、自分でそれに気づいていないことです。

私は、以前、公園で見た光景のことが忘れられません。自傷行為をして両腕に包帯を巻いた少女が、公園のベンチに座っていました。彼女は泣いていましたが、その周りでは、人々が笑い、ジョギングし、ヘッドフォンで音楽を聴きながら通り過ぎていました。誰一人として、彼女の存在にもその状態にも気づいていませんでした。彼女はまるで幽霊のようにベンチに座っていたのです。

それを見て、私はこう考えました。たとえ誰かが傷つき、泣き叫んでいたとしても、これらの異なる現実がそのまま認められているのであれば、自分の感情をむきだしにできない人たちにとって希望はまったくないだろうと。

虐待の経験ほど、人を牢獄に閉じ込めてしまうパラレルな現実は、他に存在しません。これは、性的な虐待や近親相姦の被害を受け、生き抜いてきた人たちがみんな証言していることです。たとえば、もし父親や叔父があなたに性的ないたずらをしたとして、その一時間後、彼らがあなたに、サンドイッチにマヨネーズをつけてほしいかどうか尋ねる可能性はゼロではありません。彼らは、その事件が起こらなかったように振る舞うのです。これが二重生活、つまりパラレルな現実を作ります。

一つの生活では、現実が拷問や痛みや危険を伴うもので、父親や叔父はあなたの敵です。しかし、もう一つの生活では、ごく平凡な日常です。あなたは学校へ通い、感謝祭の夕食を食べ、父親も普通の父親です。でも、ありふれた生活は、完全な嘘のように感じ始めます。それは偽物です。それは、本当の現実を覆い隠す蓋のようなものです。

このようなパラレルな現実に捉われたとしたら、その人は一人ぼっちだと感じ、自殺したいと感じ始めるでしょう。

◆感情を認めてもらえないこと

人々が持つパラレルな知覚的現実のもとは、感情を認めてもらえないことです。これがどのようにしてパラレルな現実を作るのか理解するために、私たちは子供時代へ戻らなければなりません。不満そうな顔をしている小さな女の子をイメージしてください。彼女は、家族が違う街へ引っ越しをしたので、悲しんでいます。友人と離れ離れになって寂しく、新しい場所での人々の冷たい態度を怖がっているのです。彼女は前に住んでいた街のことを恋しく思っています。もし彼女が不満そうに見えたり、そのように振る舞えば、両親の反応は、次の二つのうちのどちらかでしょう。すなわち、彼女の感情を認めないか、無視するかです。

子供の感情を認めない親は、子供が不快な感情を表すと叱ったり、罰を与えます。さらに、子供の感情をつまらないものだと思わせるかもしれません。けれど、その後で、同じ親が、子供はよい子であるように接し続けるのです。

このことで、両親と子供の間にパラレルの現実が生み出されるということがおわかりになるでしょう。子供は、今、傷ついている現実の中にいます。彼女の現実では、悲劇と喪失が起こりました。そして、彼女の親は物理的に同じ部屋に存在していますが、彼女と一緒にそこにいません。

一方、両親の現実では、自分たちは子供のニーズを満たしており、すべてうまくいっています。両親のマインドの中では、引っ越しは新たなチャンスを与えてくれた素晴らしいものです。両親は、子供がどのように感じているか見ることも、理解することもできないので、彼女の気持ちをもっとよくするために、何もしようとはしません。

その子供は、引っ越しについて絶望していることに何の助けももらえないということです。自分のパラレルな現実の中で、完全に孤立し、両親はそれに気づいてさえいないのです。

これは一つの例にすぎませんが、似たようなことが、私たちの成長過程で誰にでも起こっているのです。このことが、あなたの知っているすべての人に起こっていると想像してみてください。一人ひとりが、感情を無視された経験を抱えながら大人になり、深い恐れや孤独感を人間関係へと持ち込むということです。

私たちに起こっているのは、この小さな子供に起こったことと同じです。大人になるにつれて、彼女の周囲の社会は、彼女の分離した現実を映し出すようになります。彼女は、自分が一つのパラレルの現実にいて、他のみんなは別のパラレルな現実にいることを認識します。自分がたった一人で苦しんでおり、他のみんなは幸せそうに見えるという苦悩は耐え難いものです。ですから、その苦しみから逃れるために、おそらく何かに依存したり、他の回避方法を始めるでしょう。正直なところ、そのような状況での苦しみは、いかなる薬物や依存症よりも有害です。

◆感情の無視の尺度

パラレルな知覚的現実が生まれる状況は、明らかな虐待ほど極端なものでないかもしれません。

人々が自分を見てくれず、気持ちを感じてくれず、聞いてくれないという経験をした時、私たちはいつでもパラレルな現実を生み出す危険性があります。そして、このようなパラレルの現実のレベルには、かなり大きな幅があります。あなたが見ている現実と他人が見ている現実が劇的に違えば違うほど、これらの異なる現実に関連して自分が経験している孤立感や苦しみはますます大きくなるでしょう。

マイルドな分離だけを経験し、たまにしか自分が別の現実にいると感じない人もいます。他方、パラレルな知覚的現実が強烈で、ものすごい孤立を感じ、他人からの反応によって、自分が本当に存在するのかどうかを疑い始める人もいます。その痛みがあまりにも強すぎて、自殺することしか逃げ道はないと感じることさえあります。

もっと大局的な見地から言えば、ほとんどの精神疾患は、その人がパラレルな知覚的現実を生きるために起こります。彼らは、世の中から、自分の知覚的現実は偽物で、価値がないとジャッジされ、統合できなかったのです。もしあなたが他人をこのようにジャッジしているなら、彼らの現実と自分の現実を一つにして、関係性を改善することはできないでしょう。

精神疾患は、パラレルな知覚的現実に関係するものだという例を紹介します。

・妄想型統合失調症の人は、いつも他人に後をつけられているという異なる知覚的現実を生きています。

・ＰＴＳＤ（心的外傷後ストレス障害）に苦しむ人も異なる知覚的現実に生きています。それは、いたる所に怒りやトラウマが存在するというものです。
・うつ病に苦しんでいる人は、人生は無意味であるという絶望感のあふれる知覚的現実にいます。
・不安発作の症状を持つ人は、差し迫った破滅感を伴う知覚的現実にいます。不安発作が起きている最中、彼らは、周囲の人たちがすべて正常でうまくいっている現実にいるのを見ています。これは地球上で一番のガスライティングの経験です。ガスライティングとは、心理的虐待の一種で、被害者にわざと誤った情報を示し、その人の現実が本当ではないと思わせる方法です。たとえば、その人が見ているものを見ていなかったとしたり、感じていることを感じていなかったとするような手法です。

このようなパラレルな知覚的現実で立ち往生していることが、いかに絶望感と恐怖感を生み出すものか、十分に説明することは不可能です。そこで立ち往生している人たちにとって生き地獄であるだけでなく、二人の関係性が悪化すると、やがてその相手にも生き地獄の状況を作り出し、そのせいで愛する人を失うことになるでしょう。

異なった知覚的現実によって一人ぼっちだと感じる痛みは、人が経験する苦しみの中で最悪のものです。

次のように考えてみてください。この苦しみは自分だけにわかり、力を失わせるもので、それは、マジックミラーか窓ガラスの後ろで苦しんでいるようなものです。そこで、あなたには他の人の姿が見え、声も聞こえますが、誰もあなたのことを見たり、聞いたりできません。これを、戦争や自然災害や飢饉を経験した人の苦しみと比べてみてください。それらは恐ろしいものですが、自分の感情を無視されることによって生まれる個人的な苦しみとはまったく異なります。つまり、たくさんの人々が、同じ現実の痛みを一緒に苦しんでいるからです。

つながりの素晴らしいところは、これらの現実に存在する分離を叩き壊し、私たちの知覚的現実が融合することです。一つの現実がもう一つの現実の一部となり、その逆もまた同様でなければなりません。このことを理解し、自分自身を癒やし始めた時、私たちの意識は真の進化を遂げられるでしょう。

もし二人が異なる知覚的現実にいるのなら、二人の身体が同じ場所にあったとしても、つながり続けるのは不可能でしょう。そして、このようなパラレルの現実の間の橋渡しをするのは、親密さ、同調、本物であること（オーセンティック）です。この章の残りの部分は、自分のための解決法を生み出すやり方についてお話しします。

◆本物である（オーセンティック）とは

本物とは、あなたがいつも聞いている言葉でしょうが、それが本当に意味することは何なのでしょうか？

本物とは、複製されたものではありません。それは、偽物ではなく、実在し、真のものです。この言葉を人間に適用した時、私たちは、人間の一人ひとりが、源の意識のユニークな表現としてこの世に生まれてきたということを受け入れなければなりません。これはつまり、個々の人が、特徴的エネルギーのような比類のない特質を持ってやってきたということです。私たちはその人特有の思考やフィーリング、願望やニーズとともに、自分だけの目的を持って生まれました。これらすべてのものと、偉大な宇宙における私たちの役割が、私たちの本質の中に埋め込まれているのです。

ですから、人生における私たちの経験とは、その物語が展開されていく過程と言えるでしょう。あなたの本質とは、しっかりと閉じた蓮の花の中に存在する唯一無二の真珠のようなものだと考えてください。完璧な世界では、その蓮は自然に花開き、世の中に美しい真珠を表すでしょう。子育てや社会化のプロセスは、すべての子どもの物語がそのように展開するのを助けるものなのです。

もし私たちがこのプロセスの邪魔をせず、目の前にいる子供のユニークなニーズを満たしてあげれば、それは自然に花開きます。しかし、私たちが生きているのはそのような世界ではありません。この世に生まれてきた時、周囲の人々は私たちが類のない真珠を表すことができるように、大切な贈り物として育てようとは考えてくれません。むしろ、何かの原材料でもあるかのように、大人が最適と思う型にはめなければならないと思うのです。少しでも非難される可能性があるものを持っていれば、私たちはそれに関して弱さを感じます。そして、自分自身からその部分を分離させるプロセスを始めます。

私たちは、自分に関して、この世で愛され、安全と感じられるものだけを示そうとします。残りの部分は隠したままにするのです。すでに学んだことですが、それはつまり、私たちの個性は、本質的に偽物だという意味です。私たちは、他人の複製になってしまい、自分の中にある真実を表していません。このようにして、私たちは、見せかけのものを選り分けながら、本物の自分を見つけ出さなければならなくなります。それは、手探りで進むようなものになるでしょう。

本物でないことは、全般的に惨めな人生をもたらすだけでなく、一番大きな問題として、真のつながりを築くことが不可能になります。自分の芯まで愛してもらうためには、私たちは自分のすべてをさらけ出さなければなりません。もし本当のつながりを望んでいるなら、本物の自分を進んで見せる必要があるのです。

◆自分の内側と外側を一致させる

本物の状態を簡単に説明すれば、あなたの内側が外側と一致している状態と言えるでしょう。

〝羊の皮を被った狼〟という表現を聞いたことがあるはずです。これこそ、本物ではない例です。狼は羊ではありません。彼は、内側では狼であるのに、外側は羊であるように見せかけているのです。もし羊が狼の皮を被っていても同じことです。それも本物の自分ではない例になります。

自分自身や友人たちを見回してください。そうすれば、人の内側と外側にあるさまざま不一致に気づくでしょう。誰かが自分の嫌いな仕事をしているなら、それは本物ではないと言えます。なぜなら、外側での仕事が内側の願望と一致していないからです。誰かのことを好きだと言ったり、その人のように振る舞ったりしているけれど、本心ではその人のことが嫌いでそばにいたくないと思っているなら、それは本物の自分ではありません。自分は芸術的才能はないと言いながら、現実には、ずっと以前にその才能を抑圧したのであれば、それも本物の状態ではありません。

自分のことをよく見せることばかり大切にし、自分のあまりよくない部分を認めることができなくなると、私たちは本物ではなくなります。一人で二つのフェイスブックのアカウントを持つ人のことを考えてみてください。一つのフェイスブックは職場の人や家族用です。もう一つのフェイスブックは、本当に興味を持っているもの用ですが、それは他人から批判される可能性のあるものです。これは、本物の状態ではありません。本当は同性愛者なのに、そうではないふりをしているのも同じことです。

私たちの社会が、いかに見せかけから成り立っているかおわかりになりましたか。でも、それは終わりを迎える時です。なぜなら、それが目覚めやつながりへの最も大きな障害となっているからです。これから人生の指針となる質問は、「外側の自分と内側の自分で、不一致の部分があるだろうか？」になるでしょう。

理想的な世界とは、私たち全員が、二十四時間、正直で裏表がなく、ありのままの姿でいられるようなところです。それが私の作り上げたいと思う世界です。

◆醜態を晒す勇気

本物の状態になるには、あなたは自分自身や他人に醜態を晒してもいいと思わなければなりません。あるいは、少なくともそうすることへの恐怖感と向き合う必要があります。

すでにお話ししたように、私たちはずっと恥や恐れを避けようとして生きてきました。恥は、人間のエゴに対する一番の敵です。これは、自分の本当の姿で、他人に悪い印象を与えるかもしれない部分は、いつも隠しているという意味です。

そのような状態では、自分について本物であるものと向き合ったり、ワークしたりすることは決してできません。たいていの場合、ずっと見せかけの自分でいた結果として、ものすごい苦しみを感じるようになります。それから、ようやく本物の自分と向き合おうとするのです。

私がお願いしているのは、窮地に陥る前に、自分から進んでこの飛躍をしてほしいということです。自分で悪いと判断していようが、よいと判断していようが、あなたにとって真実であるものを受け入れてください。

受け入れることは、否定したり、避けたりすることの反対です。

では、何かを受け入れるということは、どういう意味でしょうか？

受け入れるとは、何かを価値があり、正しいものだと認めることです。受け入れることは、それを認めずに闘うのではなく、それを真実として受け取り、取り入れることをよしとすることです。何かを見て見ぬ振りをしたり、非難したりすることとは関係ありません。それを変えたいと思っているかどうかとも関係はありません。単に、自分の人生の一部にするだけの価値があるものだと認めることです。

◆本物の状態の中心にあるもの

本物の状態の中心にあるのは、自分の弱さを認めるということです。私たちが、本物ではない理由は、自分の弱さを認めれば起こることを恐れているからです。私たちは、自分が拒絶され、愛されず、受け入れてもらえないことを恐れています。多くの人は自分が本物の状態だと思っていますが、実はそうではありません。彼らは、真実であるものの一部を見せているだけです。

例を挙げて、その意味を説明しましょう。

あなたは、他人に対して、「本当に自己中心的な人ね。自分の行きたい場所しか考えていないのだから」などとストレートに言えることが、本物の状態だと思っているかもしれません。でも、これは単なる防衛にすぎません。それはあなたの怒りを表現しただけで、その怒りは真実のほんの一部分です。本物の状態とは、「まるで私のことは目に入ってなく、大切に思われていない気がして怖い」というような発言といえるでしょう。

では、本物の状態でいるためには、どう表現すればいいのでしょうか。それを見つけ出す最善の方法の一つは、「このシナリオで防衛的になることの反対は何だろうか?」と自問することです。あなたの守ろうとしていることが何であれ、あなたが正直になる必要があるのは自分の弱さに対してです。本物の状態とは、真実の一部ではなく、真実すべてについて表現することです。そして、それには、あらゆる範囲の感情が含まれます。

本物であることの根源は、あなたがどう感じているかを知り、それを自分に対して認め、さらに他人に対しても認めることです。感情は、あなたを気づきへと連れていくコンパスのようなものなのです。コンパスが、あなたのいる場所や進むべき場所を教えてくれるのと同じように、感情は、あなたが現在どんな波動を持っていて、その波動を上げて、外側の状況をあなたの本質と一致させるには、どの方向へ行けばいいかを教えてくれます。

感情は、あなたが本物になるのを邪魔する潜在的な制限を見つけ出すための手段でもあります。私たちは、感情とはどんなもので、どんな目的を持っているのか理解していません。本質的に、私たちは感情の暗黒時代を生きているのです。

◆自分の真実を発見する方法

私たちは、自分が感じていることを正直に認めた時にのみ、初めて自分についての真実に到達します。自分が本当に感じていることをそのまま他人に表現することを学んだ時にのみ、初めて本当に他人とつながることができます。私たちが不快に感じるような状況で、私たちの感情における完全な真実を構成するのは、次の五つです。つまり、怒り、痛み、恐れ、理解、そして愛です。

ほとんどの時間、私たちは自分の真実の一部だけに気づき、それを表現しています。たとえば、車で外出して追突されたら、すぐに腹の底から怒り、追突した人を非難するでしょう。その場合、追突されたことへの怒りにだけ気づいているかもしれません。しかし、完全な真実とは、それよりもはるかに複雑で、すでに挙げたすべての感情に対応する思考を含んでいるのです。

他の場合では、追突によって、自分が傷ついたり恐れたりしていることに気づいても、怒りを感じていることは自分にも他人にも気づかせないようにしているかもしれません。これは自然な防衛システムです。実のところ、完全な真実のごく一部分だけを表現しようとするのは、子供時代に学んだ一般的な行動なのです。しかし、癒やしや自己愛は、真実のすべてについて知り、それを表現することからやってきます。

次のワークは、あなたの感情について真実を明らかにする助けとなるでしょう。（最初の二つのワークは前著『自分を愛せなくなってしまった人へ』でも紹介しましたが、重要なものなので、ここでも紹介します）

あなたの真実を発見する方法

まず初めに、あなたを困らせている状況を選んでください。そして、自分の中からすべての感情や思考が流れ出るように、五つの感情の状態について、あなたの真実の側面をすべて書き出してください。

これをしている時、特定の部分に対応するすべての思考や感情が十分に表現されたと感じるまで、ある項目（たとえば怒り）から次の項目（たとえば痛み）へと移らないでください。感情は健全なものなので、現れてきた感情は抑圧しないように。腹の底から怒り、みっともないほど泣いて、希望を感じましょう。どんな感情が現れてこようと、それをジャッジせずに、十分に感じてください。

真実の流れを助けるために、次のようなリストを用意しました。あなたの人生で悩んでいる出来事や状況について考え、次のそれぞれの感情について、ありとあらゆるものを書いてください。

1　怒り

・私は何について怒っているだろうか？
・私は何を（誰を）非難しているだろうか？　それはなぜだろうか？
・私は何に対して（誰に対して）腹立たしさを感じているだろうか？　それはなぜだろうか？
・（　　　　）の時、私はとても腹が立った。
・私は（　　　　）に本当にうんざりしている。
・私は（　　　　）が嫌いだ。

2　痛み

・どうしてこのことが私をこんなに悲しくさせるのだろうか？
・私は（　　　　）によってとても傷つけられた。
・私は（　　　　）に非常にがっかりしている。

3　恐れ

・どうして私はこのことをそんなに恐れているのだろうか？

・私は（　　　　）を怖がっている。
・（　　　　）の時、私はとても怖い。
・なぜ私はそれが怖いのだろうか？
・どうしてこれは私を不安にさせるのだろうか？
・怒りや悲しみの下に隠れている深い傷は何だろうか？
・この状況はどんなつらいことを私に思い出させるのだろうか？

4　理解

・私は（　　　　）を後悔している。
・私は（　　　　）を残念に思っている。
・私は、この状況のどの部分に責任があるのだろうか？
・私は（　　　　）するつもりはなかった。
・私は（　　　　）だと理解している。
・私は自分がたまに（　　　　）することを知っている。
・私は何に対する許しを望んでいるのだろうか？

5　愛

・心の奥で、私は（　　　　）という最も純粋な意図を持っている。

・心の奥で、私は（　　　　　　　）を望んでいる。
・私は（　　　　　　）すると約束する。
・この状況について、私が考えつく解決策はどんなものだろうか？
・私は（　　　　　　）であることを希望する。
・私は（　　　　　　）に感謝している。
・私は（　　　　　　）を許す。

この方法を使いながら、これらの感情をよく調べてみることによって、あなたは自分の真実にたどり着けるでしょう。自分で掘り下げていくのが難しかったら、次の〝事故についての真実〟で紹介する見本の反応を参考にしてください。

このようにして、自分の人生で不快に感じたことに取り組み始めると、あなたは本当の自分を引き出すことができます。あなたが発見したことは、その状況について、自分の中にある最も深い真実を表しています。

その状況であなたが感じている深い真実に気づいたら、それに直接取り組み、それを他人に表現することができます。そうすることは、あなたが本物の状態にいて、自分が隠していた弱さを晒し、その弱さを愛を込めてケアできるということです。そうしながら、あなたは本当の自分を明るみに出します。それこそ、他人と親密なつながりを持ち、孤独や孤立を克服するために必要なことなのです。

〝事故〟についての真実

次に、このプロセスを使って、車で外出して追突されたというシナリオをもとに完全な真実を述べる例を紹介しましょう。この場合、始まりの出来事は、「私はたった今、追突された」です。

1　怒り

たった今追突されたのが信じられない。今日は最悪の日だ。あんなバカ、大嫌いだ。どいつもこいつもバカな奴ばかりで、本当にうんざりする。私は何も悪いことをしていないのに、こんな目に遭うなんて本当に腹立たしい。こんなのは不公平だ。あいつを殺してやりたい。

2　痛み

この世で、何も悪いことをしていないのに傷つけられるのが悲しい。他の人たちはみんなうまくいっているのに、私は何一つうまくいかない。私の大事な車が傷つけられて、その車を運転しなければならないなんて悲しい。今夜はいい夜になると思っていたのに、本当にがっかりだ。言いようがないくらい胸が痛む。

3　恐れ

私は人生が幸せなものではないことが非常に怖い。人生とは苦しみであることを恐れている。死ぬまで苦しむためにここにいることを恐れている。もし人生が苦しみだけだとわかったら、私は深く落ち込んで、きっと自殺してしまうだろう。それがすべての背後にある傷だ。父親が酔って帰宅し、私を殴った時のように、私は他人に対して無力感を抱いている。私はテレビを見ていて、すべてうまくいっていたのに、次の瞬間、父親が帰ってきて、理由もなく殴られた。私はまだ幼くて、どうすることもできなかった。

4　理解

私は、人生が苦しみであるというのは真実かどうかわからない。子供時代の父親との経験からそう感じているのかもしれない。いつもそう思っているので、人生が苦しみである証拠が次から次へと現れるのかもしれない。

私は、衝突した車の運転手に腹を立てたことを後悔している。おそらく、彼もひどい一日を過ごしているだろう。

自分の子供時代と関係する恐れをすべて他人にぶつけるつもりはなかった。問題を解決しようとするのではなく、さらに問題を増やすような行為をしたことを許してほしい。

5　愛

心の奥で私が望むのは、自分を含むあらゆる人がよい気分になるように助けることだ。被害者のように感じ、この世は恐ろしい場所なので、幸せを見つけられないと感じている自分自身を癒やすことだ。心の奥で私が望むのは、すべての存在をコントロールする必要があると感じるのではなく、私が自分にとってよいことだけを創造していると感じることだ。

私に衝突した男性が惨めな一日を過ごしていないように……。誰でも間違いを犯すのだから、彼も自分を責めないでほしい。私は彼の過ちを許そう。心から、私はみんなを愛していて、彼らに幸せになってほしい。

私はこの世が幸せな場所であってほしいと思う。そこで、私たちは間違いを犯し、それによって拒絶されたり罰を受けることなく、学べるようになるといい。

客観的に見る練習

自分の感情と向き合い、癒やすためのもう一つの方法は、自分自身を客観的に観察することです。ほとんどの人は、自分のことを客観的に見ておらず、自分が実際にどんな行動をしているかに気づいていません。自分自身の視点という望遠鏡を通してしか見ていないのです。私たちは他人を見ていますが、自分のことは見ていません。

ですから、私は客観的な見方の習慣をつけるように提案します。強い感情が起こるたびに、それに反射的に反応したり、それから逃げるような反応をするのではなく、自分の内側でそれと向き合うのです。強い感情を感じたら、あなたの内側に、電気柵のようにピリピリしている感情があることを思い出してください。

動揺したり、カッカしたりしているのはあなたではなく、〝感情〟であることに気づいてください。何かとの同一化をやめるのに必要なのは、十分にそれを観察することです。

この方法を試みている時、自分が感じていることを大切にするのをやめたり、感じ方を変えようとしないでください。ただそれを認めて、そのままにしていましょう。感情を観察した結果として、洞察を得ることがよくあります。あなたは、何がそのトリガーとなったか、自分がそのトリガーに与えている意味は何か、そして、その原因となった状況についての洞察を受け取るかもしれません。

その瞬間、あなたは自分の感情に抵抗せず、それに完全に気づき、それを認識し、観察していると考えるとよいでしょう。突き詰めると、あなたは意識という光を感情に当てて、それによって気づくようになるのです。

思考ということに関しても、観察という方法は、同じように働きます。思考の果てしない流れは、毎日、朝から晩まで意識のカンバスに現れており、私たちはそのほとんどに気づいていません。それらは、私たちのマインドの中に映像や声として現れたり、あるいは、最も信頼できると感じられる言葉や信念として現れます。

この方法では、じっと座り、現れてくる思考をただ見ています。それらを変えようとはしないでください。ただそれを認め、それが現れて、消えていくままにしましょう。

身体に関しても、それを観察するという実践をしてください。身体に現れた感覚を観察するのです。自分の身体を認識する時、つまり、それを見て、感じ、意識的に経験する時、あなたは自分の身体ではなく、今という瞬間の中に存在します。あなたは、身体との同一化をやめ、その結果として、自分の身体の今の真実に完全に気づくようになります。

自分を客観的に見る方法

自分のフィーリングや思考、言葉や行動を客観的に見ることは、あなたの内側と外側の世界の不一致に気づくための効果的で簡単な方法です。それがあなたの日常的な反応の一部になるまで、毎日あるいは毎週、客観的に見る練習をしましょう。

では、目を閉じて、身体の外に出ていき、鳥になったように空から自分の姿を見ていると想像してください。文字通り鳥であるかのように、人間には何の執着も持たず、ただ観察しましょう。
今あなたは、この視点から、自分の言い争いを再び目撃します。その日あるいはその週に、自分がしたことをもう一度見てみるのです。シャワーの中にいる自分自身を目にします。職場で仕事をしている自分自身を目にします。愛し合っている自分自身を目にします。自分が見ているものに、ただ気づいていてください。

もし客観的に自分を見ることに全力で取り組みたければ、自分自身を動画で撮影してみましょう。そして、誰かがあなたを見ている時、身体に緊張感があるのに気づいていてください。動画に撮られている時、その人から好ましく思われるように、自分の行動や反応を変えていることに気づいてください。自分が動画に撮られていることを知らない時、自分の内側と外側の世界にある不一致という真実を見ることができるでしょう。

あなたは実在するものとだけワークできます。自分が本当に思って感じていること、本当に望んで必要としていること、そして、実際にしていることを知り、それを認めなければ、あなたは幻想と取り組んでいて、どこにもたどり着けないでしょう。それは、空中にお城を建てているようなものです。
人生にあるものすべては、私たち固有の本質に忠実なものか、あるいは、その固有の本質を邪魔するもののどちらかです。ですから、もっと自分を認識するために行うことは、いずれも本物の自分へ

向かうためのステップなのです。

本物の状態とは、私たちが到達できる存在の最も高次の状態です。近い将来、本物の自分であることが、覚醒に代わり、スピリチュアルの実践の真のゴールになるでしょう。そして、人生そのものの本当のゴールになるはずです。

私たちがそのことに集中するようになった時、この社会は、それぞれの人間が持つ本来の性質を集合的に表現したものになるはずです。

◆個人的なスペースが必要な理由は、癒着のトラウマ

この本を読んでいるなら、あなたは寂しさを感じて、つながりがほしいと思っているのでしょう。しかし、自分のためのスペースが必要だと思うことはありませんか？　一人でいるのが好きと思うことはないでしょうか？

人間は社会的動物です。人間は互いに依存しあって生き延びてきました。厳密に言うと、人間の一番のニーズはつながることであり、幸せに対する最大の脅威は孤立することです。では、どうしてあなたは自分のスペースや一人の時間をそんなに必要としているのでしょうか？

あなたが一人でいたいとか、自分のスペースが必要だと思っている時、植物からも離れていたいわけでないことに気づいてください。さらに、ペットの犬や猫から離れていたいというわけでもありま

せん。自分の犬や猫を見て、「ちょっと一人でいたいから」と言って、彼らを部屋から追い出すことはないはずです。では、それが人間になると、なぜ違うのでしょうか？　人と一緒にいると、どうして逃げ出したり、一人でいたいと思うのでしょうか？

もし自分だけのスペースが必要で、一人だけの時間がほしいと思っているなら、それは、あなたが本物ではない状態と闘っているからです。ペットの犬と人間の違いは、次のような点にあります。つまり、ペットの犬と一緒の時でも、あなたは自分の願望やニーズ、視点やフィーリング、思考と完全に調和し、自分のやりたいことができると感じますが、他人と一緒の時には、それが可能だと感じられないのです。

もしこのように感じているなら、周囲に人がいる時、あなたの内側と外側に大きな不一致が存在することに気づいてください。それは重圧と極度の疲労をもたらします。自分の感情と異なる行動をするのは難しいことです。自分がしたくないことをするのは難しいことです。そして、他人からほしい反応を得るために、自分の言葉や行動すべてを調整するのも難しいことです。

あなたが感じているのは、癒着のトラウマと非常に関係しています。癒着とは、人が自律性を持つことを許されていない状況のことです。癒着のトラウマとは、個人的な境界線が認められず、もっともなものだとも思われず、敬ってもらわれない時に生じます。それは、大人たちが、我が子を一人の人間として見るのではなく、自分の延長部分だと考えているような家庭によく見られます。

癒着のトラウマを経験した人は、部屋に誰かが入ってきた瞬間、すぐに自分の思考や言葉や行動のすべてを彼らの願望やニーズ、見方や好みに合わせる必要があると感じます。そして、つながりを持つために、本当の自分を失い、まるで割れたガラスの上を歩いているような状態になります。自然のままではいられないので、あなたはすぐに緊張と重圧を感じるでしょう。

あなたの境界線が消滅していく仕方には、ちょっと怖いものがあります。まるで、周囲に他人がいると、あなたは自分がどう感じているのか、本当は何を思っているか、何がほしいのか、何が必要なのかわからなくなり、自分の真実に従って行動できなくなります。つまり、自分の個人的な真実にアクセスすることができなくなるのです。

その結果、あなたとの関係性にいる人たちは、遠くへ追い払われたように感じて苦しみます。彼らがそう感じるのはもっともなことです。彼らはあなたに遠ざけられてしまったのですから。人々を遠ざけるのはよいことではありません。自分が愛する人を遠ざけようとしている場合は、なおさらのことです。このことは彼らを傷つけ、結局はあなたも傷つきます。それは、吸収される脅威に対するあなたの反応です。

一人でいることは、本物の自分を知るためのよい道具になるかもしれません。しかし、それは道具であることを忘れないでください。実際、それは、人間には必要ありません。

この言葉に対して、あなたが抱いた抵抗感を感じてください。それは、自分自身についての何かを伝えています。もし人前でもありのままの自分でいたいと思っているなら、それは必要ないでしょう。

人間にとって、最も難しい学びの一つは、「他人と一緒にいても、素の自分でいられる」ということです。

◆境界線はあなたの真実を定義する

人間関係でスペースが必要だと悩んでいるなら、最初に取り組むべきことは境界線の問題です。すでに知っていると思いますが、境界線とは、自分や他人の感覚を持つことであり、この物質的次元での生活にとって自然なことです。

あなたの個人的な見方と経験は、現在、この宇宙の拡大に役立っています。あなたは自分と残りの世界との間の違いを自然に認識しています。この個人的な視点が、あらゆるものの中で、私たちを特徴づける一種の境界線です。

自己啓発の専門家や心理学者が、幸せになるためには、健全な境界線を築くことが重要である、と言うのを何度も聞いたことがあるに違いありません。しかし、そもそも境界線とは何なのでしょうか? 境界線とは、私たちが、自分を世の中といかに関連づけるかというガイドラインです。それは、信念や意見、態度や過去の経験、社会的な学びが混ざり合って構築された行動に関するルールです。ですから、境界線という言葉は、あなたを定義するものだと考えてください。それは、障害物ではなく、選択の好みです。

境界線は、あなた個人の幸せ、フィーリング、思考、誠実さ、願望、ニーズ、そして、最も重要なものですが、宇宙の他の部分と区別するあなたの真実を定義する想像上の線です。

個人的な境界線は、二つの方向で機能します。つまり、それは、人間関係で、中へ入ってくるものと外へ出て行くものの両方に影響します。さらに、個人的な境界線は、あなたの好き嫌いや善悪についての考えを示し、個人として定義する時の手助けをします。これらを明確にすることは、他人からの接し方について、自分に許せるものと許せないものを知る助けとなるでしょう。

あなたの境界線が健全でない場合は、次のようなサインが表われます。

《あなたの境界線が健全でない時のサイン》

*イエスと言いたいのにノーと言ったり、ノーと言いたいのにイエスと言っている。
*ノーと言うと、罪悪感を感じる。
*他人を喜ばせるために、自分の誠実さや価値観に反する行動をしている。
*言いたいことがあっても言えない。
*自分を受け入れてもらいたいので、他人の信念や考えに従う。

＊自分に対して不当な扱いをした人を非難しない。
＊他人の欲求やニーズを満たすために、自分のしていることを中断する。
＊自分は役に立つと思われたいので尽くしすぎる。
＊他人の問題や苦労に巻き込まれる。
＊あなたに対して、あるいはあなたの目の前で、他人が不快になるようことを言うのを許す。
＊人間関係において、自分の感情的なニーズをはっきり伝えていない。

最大の問題は、他人があなたの境界線を侵害することではなく、私たちが自分自身の境界線を侵害しているということです。

誰かに自分の境界線を侵害させるたびに、私たちは自分自身の境界線を侵害しています。これは自分に対する裏切り行為です。もしあなたが自分の境界線を越えたなら、あなたは自分自身を踏みにじり、見捨てて、自己嫌悪に支配を許したということです。

境界線という概念は複雑になりがちなので、あなたが理解しやすいように、次のように単純化してみました。つまり、あなたの境界線は、あなたの感情によって定められるということです。そして、どんな種類の境界線であれ、あなたの境界線が侵害されたかどうかは、あなたの感情がいつも教えてくれます。

たとえば、誰かがあなたを傷つけるようなことを言ったら、それは、その人があなたの感情の境界線を越えたという意味で、あなたは傷つくでしょう。このことは、相手に自分の境界線をもっとはっきり伝える必要があることを示しています。もう一つの例を挙げますが、あなたはパーティに誘われ、気が進まないのに出かけて後悔しました。これは、あなたが自分で境界線を越えたことを示しています。常に自分の感情とつながっているのが重要だというのは、このような理由からです。

このような自己の裏切りは、自分自身への信頼を失わせます。自己信頼とは、自分の最善の利益を考えるということです。あなたの利益とは、本質的に境界線になります。というのも、それは、あなたという独自な存在を定義しているものだからです。ですから、自己信頼は、要するに境界線を意味することになります。

ほとんどの人は、自分を見捨てる習慣的なパターンに陥っています。自分を見捨てることは、自分の利益にはなりません。これが、自分自身を信頼できない本当の理由です。人は危険を感じる時、自分を信頼していません。そして、自分がよい感じのする決断をしていない時、あるいは、本当の自分とは違う行動をしている時、危険を感じています。

自分が本当に感じていることを無視し、自分の個人的な真実をはねつけている時、私たちは、自分自身にとって信頼できない存在になります。自分を信頼するための唯一の方法は、自分の感情とつながる方法を学び、自分が本当に感じていることを大切にすることです。そうできるまで、私たちは、自己防衛としての偽りの自分を生み出します。

では、どうすれば偽の自分を生み出したかどうかわかるのでしょうか？
自分に対して、次のような質問をしてみてください。

●私は自分が本当にほしいものを知っているだろうか？
●私は、自分が何を考え、何を信じ、どう感じるべきかを他人に決めさせていないだろうか？
●私は本当はしたくないことをしていないだろうか？　本当はノーと言いたいのにイエスと言ったり、イエスと言いたいのにノーと言っていないだろうか？
●私は、自分が本当に感じていることを人々に知られるのを恐れていないだろうか？
●私は、自分のことを人から否定的に思われるのを恐れていないだろうか？

◆健全な境界線を築く

健全な境界線は、本質的に無抵抗の性質を持っており、ワンネスの状態にあります。それは他人の行動をコントロールするものではなく、あなた個人の幸せや願望や真実を定義し、それに従うことと関係しています。

もし自分が望まないことに対してイエスと言い、嫌な気分になったとしたら、それは自分の境界線を再び主張すべきチャンスです。そのために、今あなたが最も不幸だと感じていることを10個選んでリストにしてください。それから、他人があなたにしたり言ったりすることで、やめてほしいことを10個選んでリストにしましょう。あなたに関係している人たちを一人ずつ挙げて、その人についてどう感じるかを書くのも役立つでしょう。

それから、そのリストの一つひとつに関して、「どのようにして、私は自分の境界線を侵害し、他人にも境界線を侵害させているだろうか？」と自問してください。言い換えれば、あなたが本当はどう感じていて、本当は何を望んでいるのかを見つけ出すのです。

例として、夫が仕事から帰宅し、あなたを無視してテレビを見始めたとしましょう。その時、胸の中に寂しさがこみ上げてきて、あなたは拒絶され、愛されていないと感じました。

そして、夫はあなたの感情の境界線を侵害しており、自分はそのようにされたくないと感じます。それで、夫に対して、あなたの感情を表した手紙を書こうと決心します。境界線の侵害が起こったと気づいたら、あなたがどう感じているかに基づいて何らかの変化を起こすことが重要です。自分にできる具体的な行動を決めて、それを実践してください。

時間が経っても、境界線は同じままとは限らず、見直すことが必要になります。ひょっとすると、新しい関係性が始まったり、赤ちゃんができたりして、それ以外の人に与える時間が前より限られてしまうかもしれません。人生を通して、自分の境界線を見直すことは、自分自身に誠実であり続けるために重要なことなのです。

他人がそばにいようといまいと、あなた個人の誠実さ、願望、フィーリング、思考、真実を意識的に見つけようとし、それと対話しながら、それに沿った行動をすることが必要です。

◆他人を操るのをやめる方法

もし人とつながることで苦労しているなら、あなたは自分を拒絶しており、自分はニーズを満たしてもらうのに値しない存在だと考えています。その結果として、自分のニーズを抑圧し、拒絶し、否定しながら満たされずにいるのです。そのような生存競争の状態にいると、あなたは、自分のことだけを心配し始めます。そして、無意識のうちに、人を巧みに操って、自分のニーズを満たそうとするでしょう。人々はそれを感じて、あなたから離れようとし、さらに寂しさが増していきます。

望むと望まざるとにかかわらず、あなたにはニーズがあります。地球上にいるすべての存在がニーズを持っています。成功し、幸せになるために、ニーズは必要なものなのです。それは必要ないという見方は論外です。あなたには、自分のニーズを満たすという選択肢しかありません。

しっかり理解してもらえるように、もう一度言います。ニーズに関して、あなたの持つ唯一の選択肢は、それを満たすことです。なぜそうかと言えば、もしあなたが意識的にニーズを満たそうとしなければ、無意識でそれを満たすからです。そのための方法が、他人を巧みに操るという行為です。

他人を操作することには悪いイメージがつきまとっており、まるで悪意を持って他人をコントロールすることのように聞こえます。しかし、現実には、無意識で行われ、罪のないものです。他人を操作することは、自分でニーズを満たせないと感じた時に行うことです。つまり、他人に影響を及ぼして、自分のニーズを満たしてもらえるようにするのです。

たとえば、安全を感じたいけれど、守ってほしいと直接言えない人は、自分が救助されなければならない状況を作ったり、危険の中にいるという作り話をして、他人が守ってくれるようにします。あるいは、助けが必要だったり、助けを感じる必要がありながら、直接助けを頼めない人は、他人が自分を助けざるをえないように、病人になったりするかもしれません。また、受け入れられていると感じたいけれど、それを直接に求められない人は、自分を受け入れてもらうために、状況に合わせてカメレオンのように自分を変えるでしょう。

誰もが他人を操作していますが、問題は自分がそうしていることにどれくらい気づいているかです。人を操作する一般的な方法としては、嘘をつく、遠回しに言う、罪の意識を持たせる、自己を犠牲にする、受動的攻撃をする、感情的な罰を与えるなどです。そのほかにも、誠意のないお世辞、状況に応じて意見を変える、挑発的な行為をする、嘘の約束をする、恩恵を施す、被害者になる、あるいは脅迫するなどがあります。

次のことを忘れないでください。私たちはみんな、自分が持っているものを利用します。ですから、現在、自分に役立つものがあれば何であろうと、それを使って人を操作するでしょう。

人を操作することで、あなたが悪い人になるわけではありません。けれど、恐れずに自分の人生を眺めてみて、次のように自問してください。

「どのようにして、私は人を操作しているだろうか？　どのようにして、公然と自分がほしいものを頼まずに、他人からほしい反応を確実にもらえるようにしているだろうか？　どのようにして、他人が私のニーズを満たしてくれるように、私は他人のニーズを満たそうとしているだろうか？」

人を操作していれば、自分に対して誠実とは感じられないでしょう。なぜなら、あなたは本物の状態ではないからです。そして、他人を操作することをやめるのが難しいのには、大きな理由がありま す。それは、勇気を持って自分の弱さをさらけ出さなければならないからです。失うものがたくさんある時、自分の弱さを見せることがいかに難しいかすでにおわかりでしょう。

自分のニーズを知る方法

あなたの望みやニーズを見つける方法が二つあります。

一つ目は、少し時間をとって、自分が本当に必要としているものや望んでいるものが何か、自問することです。

もし助けが必要なら、身体的、精神的、感情的なニーズのリストをネットで検索してみましょう。それらのリストを参考にして、あなた個人のニーズのリストを作ってください。そして、あなたがネガティブに感じるたびに、そのリストを見て、自分のニーズを明らかにし、それを実現したり、健全なやり方で他人に表現する方法を見つけてください。私のコミュニティでは、紙に書いたニーズのリストを他の誰かに見せて、彼らが必要としているものを指差してくれるようにお願いしています。

二つ目の方法は、一日を通して、自分のインナーチャイルドに何が必要かを尋ねることです。

インナーチャイルドは、それを言葉で表現するよりも、リストから選び出すほうが得意です。一つひとつのニーズについて、自分でそれを満たすやり方と、健全なやり方で他人に満たしてもらうやり方をいろいろ考えましょう。もし行き詰まったら、他の人と一緒に行ってください。

自分のニーズやほしいものがまったくわからないようなら、ほしくないとわかっているものを見てみましょう。自分の嫌なものの反対側に、あなたの好きなものが見つかります。

この世をさまよう貪欲な亡霊の話を聞いたことがあるでしょう。その話は、自分のニーズに負ければ、それはとどまるところを知らず、もっとほしくなると説明しています。でも、これほど真実からかけ離れたものはありません。なぜなら、もし常に私たちのニーズが満たされていたら、何かを溜め込むような自分本位の願望は起こらないはずだからです。

自分のニーズのリストを作っている時、その中に子供じみたものなどは一つもないことを覚えていてください。特に、子供のように抱きしめてもらいたいとか、慰めてもらいたいというリストは、そう思われがちかもしれません。しかし、これらのニーズは、大人である私たちの中に存在していることがよくあるのです。というのは、それが子供時代に満たしてもらえず、実のところ、その時点から成長していないからです。

大人として、インナーチャイルドのニーズを満たしてあげるのでは、彼らは決して満足しないだろうと思うかもしれません。しかし、そんなことはありません。インナーチャイルドは満足し、やっと成長できるでしょう。言い換えれば、子供時代に、ニーズが満たされなければ、それは大人になってから満たされなければならないということです。

ついでに言えば、好むと好まざるとにかかわらず、回り道となるやり方で満たすことになります。実際、大人の異常な性的嗜好は、満たされなかった子供時代のニーズが関係しているのです。

◆誰がこれらのニーズを満たすのか

パートナーがあなたのニーズを満たしてくれない場合はどうすればいいのか、と思っている人がいるに違いありません。答えは次の通りです。

理想を言えば、あなたのニーズはたった一人ではなく、いろいろな人によって満たされることが望ましいでしょう。あなたのニーズを満たしてくれるのが一人しかいない時、たいていは、為《な》す術《すべ》のない依存が起こります。しかし、あなたは、どのニーズをパートナーに満たしてほしくて、どのニーズは他の人に満たしてもらってもいいと感じているか、自分自身に正直にならなくてはなりません。これは個人的な好みの問題になるでしょう。

もしパートナーがあなたの特定のニーズを満たすことができないとわかったら、別のパートナーを見つけてください。ただしパートナーが、あなたのニーズを満たすことにノーと言った時、その人に対して敬意を示すことが大切です。なぜなら、あなたはその人を自分の人生で適切なところに位置付けることができるからです。

次に例を挙げましょう。もしパートナーに対するあなたのニーズの一つが、自分に心を開くことであり、それが無理なようであれば、あなたはその人をパートナーの役割から友人の役割に置き換える選択をするか、可能であればあなたの期待を変える選択をすることができます。あるいは、そのパートナーとの関係では、自分のニーズを満たさないという選択もできます。あなた方がお互いに提供できないもののために、双方が不愉快になり、腹を立てるようなことはしないほうがよいでしょう。

結局のところ、すべての存在において一番重要なのは、愛のニーズです。しかしながら、私たちはさまざまな人生経験のせいで、「愛は叶わぬものだ」という信念を持つようになりました。私たちは、愛とは切り離せないものとして痛みを経験し、そのために愛を恐れるようになり、自分が切実に必要とし、望むものがやってくるのを許していないのです。

このような理由から、自分の感じ方について学ぶことが重要になります。もし自分の感情に気づいていないなら、あなたは自分が動揺や不満、切望や自暴自棄を感じているのがわからないでしょう。このような場合、自分に対して、「このフィーリングは、この瞬間、私が何を必要とし、何を望んでいると言っているのだろうか?」と尋ねてください。

満たされていないニーズがわかったら、次に、「私は、このニーズを満たすために何をやめなければならないだろうか?」と自問しましょう。たとえば、私の場合、誰かと一緒に部屋にいる時に愛を感じられるように、愛は危険なものだという思い込みをやめなければなりません。また、常に何かを考えているのもやめなければならないでしょう。なぜなら、私は身体から抜け出てしまい、〝実在する人〟として相手とつながっているのを感じられなくなるからです。また、「私は、自分が愛するものをいつも失う」というストーリーも手放さなければなりません。そして、これまで返事をくれたことのない人にメールを送るのもやめなければならないでしょう。

自分のニーズを満たすために、何をやめなければならないかを頭で理解すれば、そのような障害に立ち向かい、自分の信念を変えて、これまでとは違う行動を起こす可能性が与えられます。

しかし、それよりはるかにささやかな方法ですが、今、あなたのニーズを満たす経験をすることが可能です。どのようにしてこのワークをすればよいか、次に例を紹介しましょう。私は、これを「自分のニーズを満たすゲーム」と呼んでいます。

自分のニーズを満たすゲーム

たとえば、あなたがつながりを求めているとしましょう。明らかに、このニーズを満たす方法は、同じ部屋に誰かと一緒にいて、相手に心を開き、あなたのすべての注意を注ぐことです。そして、相手もあなたに対して同じことをすることです。

この時、相手とつながることに意識を集中してください。もし抵抗を感じたら、それを見ていましょう。思考がやってきたり、感情が表に出てきたら、それを観察していてください。その抵抗がおさまったと感じるまで、ただそれとともにいてください。

あなたがつながりを感じられない身体の部分に気づいたら、今度は、身体のどこでつながりを感じることができるか探しましょう。それが皮膚でも、膝でも、どこかでつながりを感じられたら、そのいい感じを身体全体へと広げていくのをイメージし、それを感じてください。

もう一つの例を挙げましょう。もしあなたが豊かさを必要としているなら、豊かさを感じられる場所へ行ってください。極上の場所へ行き、そこに座りましょう。自分は王様だと感じてみてください。身体で富を感じてください。抵抗感が現れてきたら見ていましょう。思考が現れたり、過去の苦しい思い出や未来や自分についてのストーリーが現れたら耳を傾けましょう。それが落ち着くまで、ただ一緒にいてください。その空間の中で、あなたがどこで豊かさを感じられないか見てみましょう。そして、どこで豊かさを感じられるか見てみましょう。豊かだという感じを身体全体へと広げるようにしてください。

このやり方について、もう一つ例を紹介します。あなたがニーズを感じるものが、自分にはまったく手が届かず、これまで一度も経験したことがないようなものなら、それに最も近い経験を思い出してください。

たとえば、私は所属感を自覚できないかもしれません。でも、これまで経験したもので、その感覚に一番近いものは、キャンプの焚き火でマシュマロを焼いている時に感じた気持ちです。私はその経験に意識を集中し、それに反応した感情が現れたら、その感情を身体やハートの中へ、そして、身体全体の細胞へと広げていくことができます。私が望むもののフィーリングに一番近いものなら、何でも利用できます。それは、思い出や、将来についての空想、歌、映画の一場面、物や場所や人物など何でも構いません。

恥という感情そのもので、このゲームを始めてもいいでしょう。

あなたにとって、恥の反対は何でしょうか？　おそらくそれは自尊心でしょう。そして、自尊心に最も近い感情は、何千人ものファンの前で、舞台に立つ歌手のようなものかもしれません。

では、音楽をかけて、目を閉じ、自分が舞台に立ち、前には何千人ものファンがいると想像してみてください。それがどんなにいい気分か、自分の身体や思考がいつもとどれほど違うか、細かなところまでイメージしましょう。あなたが望むものに最も近い経験をしている状況に自分自身をおいてください。

もしくは、あなたにとって、恥の反対に一番近いものは温かく受け入れてもらうことかもしれません。その状態について想像するのは、大好きなおばあちゃんに抱きしめられているところでしょう。

では、目を閉じて、おばあちゃんに身体をすり寄せ、愛情あふれる眼差しといい香りに包まれているのはどんな感じか、5分間想像してみましょう。温かく受け入れられて、あなたの身体や感情はどんな感じか、詳細にイメージしてください。私たちは、自分の人生で欠けていると感じるものについて、毎日同じことをする習慣をつける必要があります。

この方法が非常に効果的なのは、なぜだと思いますか？　その理由は、宇宙は鏡のような働きをするからです。あなたの思考と感情の中にあるものは何でも、そのまま外側の世界に映し出されます。似たような波動を持つものは一致し、合体します。裕福な家に生まれた人が、何の問題もなく財産を築くことができるのは、このような理由からです。たいていの場合、彼らは富の波動と対立する思考や行動や人生経験を多く持つことはありません。彼らはたくさんのお金持ちに囲まれています。彼らの現実には、〝富〟を否定する考えや行動などが存在しません。何の矛盾もないので、彼らがそのニーズを現実化するのを邪魔するものは何もないのです。

必要なものを手にいれる邪魔をするものへの抵抗を手放した時、あなたは〝欠乏〟とは反対の波動を感じることができるでしょう。この波動の中で、あなたは絶え間なく自分のニーズが満たされる状況と調和します。

自分の波動がもはや欠乏の波動ではないという事実のおかげで、あなたのニーズは満たされるでしょう。あなたは、そのニーズを満たすことのできる人たちと一つになっています。あなたの望んでいるものをもたらす状況とも一つです。言い換えるなら、これらのゴールを達成し、あなたのニーズを満たす〝やり方〟があなたに示されるでしょう。

◆同調することによって、つながりが生まれる

この世に誕生したばかりの時、私たちは、自分のことを他人とは違う存在として思い描くことができません。私たちのエゴがまだ形成されていないからです。私たちは他人の苦悩も自分のものとして経験します。しかし、成長するにつれて、私たちは、自分のことを自立した感情や願望を持つ人として概念化を始めます。この時、すべてがひっくり返るのです。私たちはまだ十分に、自分とは異なる存在として、他人を概念化していません。けれど、周囲の世の中の延長として自分を見るのではなく、自分の延長として世の中にあるすべてを見ています。

この考えをもっとよく理解するために、2歳の子供を想像してみてください。平均的な2歳児は、世の中は自分を中心に回っていると考えています。本質的に、自分本位の世界観を持っています。子供は外部について考慮できないので、すべてのことを個人的に受け取るのです。

子供は、自分が駄々をこねたり、泣いたりすることが母親にどのような影響を与えるか考えません。それが自分の感じていることなので、駄々をこねたり、泣いているだけです。

同様に、2歳児は、子猫の視点や感覚についても考えません。子猫の首根っこを摑《つか》むのは、自分にとって一番摑みやすいやり方だからです。痛みと恐怖から、子猫が悲痛な叫び声をあげても、子供は子猫がどんな経験をしているのかわからず、下に降ろそうとはしません。子猫が死んでしまう可能性がありますが、もしそうなっても、子供は何が起こったのかわからず動揺し、自分が関わっているこ

とにも気づかないでしょう。なぜなら、子供は子猫に同調していないからです。

同調とは、調和した状態にあること、あるいは、調和をもたらすことです。そこで、あなたは何かと〝一つになること〟を経験します。同調がどんなものか理解するために、車に乗っていて、ラジオをつけるところを想像してください。もし98・2MHzのような特定の周波数帯でかかっている音楽を聴きたければ、ラジオのダイヤルをそれに合わせる必要があります。そうすれば、その音楽が聞こえるでしょう。特定の番組を聴くには、ラジオのダイヤルをそのラジオ局に合わせなければなりません。

他の存在についても同じことが言えます。他人を認識するには、つまり、彼らを感じ、目にし、聞いて、理解し、対話するには、彼らに同調する必要があります。まるで、自分が彼らであるように波長を合わせる必要があるのです。そうすれば、彼らの感情的な経験を感じたり、想像したりすることができ、彼らが何を感じているか理解できるでしょう。これによって、あなたは与えられた状況で、対立をやめ、状況を改善したり、相手を助けたりするために、自分が何をすべきかわかるはずです。

同調することによって、自然に共感力が高まります。世の中にいる最も危険な人たちは、自己中心的な人です。本質的に、彼らは、子猫の首根っこを摑んでいる大人の姿をした幼児です。しかし、この場合、子猫とは他の人たちのことです。すべての人が成長とともに、自然に自己中心的な泡の中から抜け出て、同調した状態になれば素晴らしいのですが、現実にはそうならない人たちもいます。彼らは、自分のためだけの現実に居続けます。

このような人との関係では、あなたは孤独を感じ、相手から、見ても聞いてももらえず、本当の自分を理解してもらえず、まるで虐待されているように感じるでしょう。あなたは、相手とはまったく違う現実を生きているように感じます。その理由は、文字通り、あなたが違う現実を生きているからです。あなたと相手の人は、まったく違う周波数帯にいて、彼らはあなたに波長を合わせようとはしていません。あなたが98・2の周波数帯にいて、パートナーは94・5の周波数帯にいながら、調和を見つけようとしているのと同じです。

◆あなたはどれくらい同調しているか

同調とは、他人が自分と同じように考えているかもしれないし、そうでないかもしれないと理解し、さらに、他人はそのような思考に関係する感情も持つと理解できることです。

同調や健全な共感力の発達は、私たちの育てられ方と関係します。私たちは主に、手本を見て学ぶのです。ですから、同調に関しても、他人が私たちに同調するやり方を見て学びます。自分に対して、次のような質問をしてみてください。

「私が小さかった頃、両親に理解してもらえたと感じただろうか？　両親は私をよく見てくれ、私の気持ちを感じ、私に共感してくれ、それに合わせて自分の振る舞いを変えてくれただろうか？　彼らは、私がどのように感じているかを認めてくれただろうか？

それとも、私の感情を否定し、そのように感じるべきではないと言っただろうか？　私が不機嫌だったり、怖がったり、動揺していた時、両親はどのように接しただろうか？」

親が自分に同調していなかった場合、私たちは次の二つのどちらかで、その経験の恐ろしさに対処しました。

1　私たちが生き残るには、親とのつながりを断ち、自己中心的な泡の中へ引きこもらなければならないと学びました。そこで、リアルで大切なものは、自分の個人的な経験だけだったのです。

2　私たちは、自分が生き残るには、過剰なくらい他人に同調しなければならないと学びました。そうすれば、彼らのことを理解し、彼らの行動を予期して、私たちが害を受けないように、自分の行動を調整できるからです。

これらの対処法のどちらにも利点と欠点がありますが、どちらの状態も健全なものではありません。他人に波長を合わせながら自分の安全を守ろうとするのは、充実した人生とは言えません。そうして

いるうちに、あなたは自分自身に波長を合わせられなくなるでしょう。

しかし、同調することには大きな利点があり、この目的を達成するために努力する価値はあります。あなたが子供に同調できないと、その子供は自己中心的あるいは共依存の大人に成長するでしょう。あなたが誰かに同調できないと、その人に対して、爆弾を落としたり、撃ち殺すということがあるかもしれません。あなたが誰かに同調できないと、相手の現実を否定したままです。

つまり、結論を言えば、同調の仕方を学ぶまで、あなたの人間関係は、周囲の人すべてにとって葛藤と苦しみでいっぱいになり、やがて、あなたにとってもつらいものになるでしょう。

◆同調のゲーム

同調は、車のラジオのダイヤルを自分の好きなラジオ局に合わせる選択と似たようなものです。感情のレベルではまだ理解できないでしょうが、このことを一つの気づきとして考え、それによって周囲の世界や人々を見てください。

あなたは、何も入ってこられないような泡の中で生きていると考えてください。あなたと他の人々の間には、いくつもの層があります。あなたが他人を見て、感じ、聞き、他人の波長に合わせるには、その泡を破裂させなければなりません。そのために、世の中をじっくり見る練習を始めましょう。

それでは、あなたがＦＢＩのエージェントだとして、その任務は、自分の環境やそこにいる人たちについてすべて残らず認識することだと考えてください。遊びのように楽しみましょう。

たとえそれが子供時代を生き抜くのに役立った対処法だったとしても、今ここで自己中心的な泡から抜け出すことへの抵抗と向き合ってください。それは周囲の人を傷つけ、長期的にはあなたも傷つけることを知ってください。あなたがなぜ他人に同調したくないのかについて、自分自身に正直になることから始めましょう。

次のように自問しましょう。

「他人に同調するとはどんな意味なのだろうか？　彼らを本当に見て、感じて、理解して、彼らの現実を認識することが、どうしてそんなに悪いことなのだろうか？」

あなたの周囲にある泡は、あなたの現実をコントロールしていますが、「なぜ私は自分の現実をコントロールする必要があるのだろうか？」と尋ねてください。自己中心的な泡は、よいものだと考えがちです。なぜなら、よい感じがしないものに気づくよりもいいだろうと思うからです。

しかし、これを意図的な自分の人生の創造だと勘違いしないでください。現実の創造と、現実への抵抗は違うものです。自己中心的な泡は現実への抵抗そのもので、依存症のように逃避を意味します。それは、存在するものへの抵抗です。そのような理由から、自己中心的な泡が、人間関係の破綻や孤独のようなネガティブな結果へと導くのは避けられません。

あなたが強烈な感情（他人が感じていることも含む）を本当に受け入れられるだけ自分の弱さをさ

らけ出そうとした時、すべてが変わります。同調することで、あなたは抑圧や回避、否定や防御に関係した感情ではなく、強烈な真の感情を経験するでしょう。たとえば、誰かの中にある悲しみを感じて、あなたは泣いてしまうかもしれません。

ただ感情の起こるままにしてください。もし強いままでいて、弱さをさらけ出したくないと思っているなら、他人が自分の安らぎの感覚を脅かす状態にいる時、あなたはその人に同調しないでしょう。

同調に関して言えば、あなたは急いで行動することはできません。もしそうすれば、あなたは正しい行動や解決法を見つけることができないでしょう。

水槽にいる病気の魚を見ていると想像してください。あなたは急いで解決しようとして、魚に餌をあげました。何が病気の原因かを推測して、魚に餌をやるのが解決法だと考えたのです。しかし、あなたは魚に十分同調していなかったので、実は魚が水槽の水を変えてほしかったのだとわかりませんでした。人間に対しても、同じことが言えます。他人に十分に同調し、気づくようにしてください。そうすれば、解決法は自然に現れてくるはずです。そして、それは正しい解決法に違いありません。

同調の実践方法

あなたが子供だった頃、誰も適切にあなたに同調してくれなかったとしたら、あなたは自分自身に同調せずに育ちました。ですから、自分の感情に波長を合わせることから始めるとよいでしょう。

感情的な反応が起こるようなことを経験するたびに、自分に対して次の質問をし、徹底的に自分に正直でいてください。

●私は何が起こったと認識したのだろうか?
●起こったことに関して、私に問題をもたらしたのは何だろうか?
●それが起こった時、私が抱いたのはどんな感情だろうか?
●今この瞬間、私はどんな感情を抱いているだろうか?
●この状況で、私は他の人から何を必要としているのだろうか?

これらの質問に対する自分の答えを眺めて、「これらの答えを前にして、私は何をする必要があると感じているだろうか?」と自分自身に尋ねてください。

◆インナーツインとつながり、統合する

ここで、最も重要な概念の一つについて、もう一度お話ししたいと思います。あなたが心から孤独感を克服したいと思っているなら、このことを理解しなければなりません。

私たちは今、自分を含めたすべての人が、子育てや社会化の過程で断片化されたことを知っています。もし自分は断片化しているということを受け入れることができれば、それが現れた時に、その断片化した側面を認識できるでしょう。

このような自分についての見方を採用した時、自分のエネルギーのあらゆる変化や、自分の感情や思考における一つひとつの変化のすべてが、自分の内側にあるさまざまな断片に対応しているという見方をすることができるはずです。もしこれらの感情や思考やエネルギーが互いに対立するものであれば、特にこの見方は当てはまるでしょう。

このことを別の方法で言えば、私たちは、所有者が刻々と変わる状態で、人生を生きていると考えなければならないということです。いかなる場合にも、私たちは、自分のインナーツインの一つに〝所有〟されています。インナーツインとは、私たちが断片化した時に作られた独立した人格のことです。

強い感情や特定の思考のように、自分自身の中で変化を経験したり、いつもと違う振る舞いを始めたり、身体の異なる動かし方をしたりしたら、自分のインナーツインの一つが現れたと考える必要が

あるでしょう。たとえば、大切な決断をしなければならず、心の中で葛藤し、穏やかな気分になれないなら、自分の中にいる二つのインナーツインが闘っているのかもしれません。

すでにお話ししましたが、私たちが異なるパラレルの現実にいて、他人とつながることができないという経験をしている理由は、私たちのインナーツインが異なる現実を経験しているからです。孤独感が消えるように、人とのつながりを感じたければ、私たちは、インナーツインとの間につながりを創造し、彼らとの統合を成し遂げなければなりません。私たちは調和的なやり方で、彼らを同じ現実へと連れて来る必要があるでしょう。

◆断片化したインナーツインの間に信頼を築き、再統合する

断片化したインナーツインの間に信頼を築き、再統合するためにはいくつかの方法があります。まず最初に、インナーツインに気づく必要があります。あなたの中でエネルギーのシフトが起こったり、強烈に何かに反応している自分に気づいたりするたびに、インナーツインの一つがあなたの身体を占領したと考えてください。それを、自分の中にある特定の部分に気づき、再統合するチャンスとして利用しましょう。

二つのインナーツインが闘い、その一つが身体を占領した例を考えてみましょう。

自分のエネルギーが変わったように感じたら、目をつぶり、自分の内側を占領したインナーツインに対して、イメージを見せてくれるようにお願いします。心の目で、一つ目のインナーツインを見てください。そのイメージが現れるまで待ちましょう。たとえば、それは小さな子供だったり、骸骨、色のついた霧、馬に乗った戦士として現れるかもしれません。もし役立つようなら、それに名前があるか聞いてください。

この時点で、私たちはこの特定のインナーツインを観察し、その行動や視点、欲求やニーズや動機を調べることができます。それに対して質問をし、私たちの中にいる他の部分との関係性について調べます。そして、いつどのようにして、それが生み出され、私たちの人生でどのような役目を果たしているかを明らかにしましょう。その動機を見つけ出したら、想像の中で、彼らのニーズを満たしてあげ、その特定の部分が必要としている変化を実現してあげましょう。

たとえば、一つのインナーツインの人格が将軍として現れ、それとは正反対の人格が庭の小さな妖精として現れるかもしれません。そして、将軍と妖精のインナーツインは、一方が勝ち、もう一方が負けるというゼロサムゲームをしています。

私たちは前述のプロセスをまず将軍と行い、それから将軍を信頼していない二番目のインナーツインである庭の妖精と行います。将軍で行ったのと同じように、心の中でイメージを見せてくれるようにお願いしましょう。ここでも、自然にイメージが現れてくるのを待ち、もし役に立つようなら、それが名前を持っているか尋ねてください。

そして、この二番目のインナーツインを観察し、その行動や視点、欲求やニーズや動機を調べてください。それに対して質問をし、その関係性を探り、いつどこで、それが生まれたか、私たちの生活でどのような役割を果たしているか調べます。それを見つけたら、想像の中で、そのニーズを満たしてあげ、日々の生活で、その庭の妖精が必要としている変化を実現してあげましょう。

両方のインナーツインのそれぞれのニーズを満たす方法を見つけたら、彼らが互いにゼロサムゲームをする必要はなくなるでしょう。この方法を使うことで、それぞれのインナーツインが、私たちの中にいる他のすべてのインナーツインとよい関係を持てるようにし、内なる平和と統合を生み出すことができるのです。

これらのインナーツインたちが、もはや互いに闘わず、分離を生み出さない状況に至った時、あなたの緊張感や孤独感は消えてしまいます。

◆理解することで、強いつながりが生まれる

私たちは、誰かとつながる方法やその相手と幸せになる方法を見つけ出そうとして、とてつもない時間を費《つい》やします。相手があなたの愛を感じられるような愛し方をしたいと思いますが、そのやり方がわかりません。誰かを自分の一部にするには（それが愛というものですが）、その相手を理解する必要があります。

このような理由から、相手の人が愛されていると感じるように愛し、本当のつながりを築くには、相手のことを理解しなければならないと言えるでしょう。さらに言えば、相手のことを愛そうとするのはやめて、その代わりに彼らを理解しようとすべきです。

相手のことを理解した時、あなたは精神的、感情的、身体的に彼らのことを知っていると言えます。そして、最も素晴らしいのは、推測ゲームはもう必要ないということです。あなたは、その人が何を必要とし、何を望んでいるのか推測する必要はありません。なぜなら、あなたはその人のことをよく知っているので、推測しなくてもいいのです。

これは、多くの人にとって新しい概念だと思いますが、あなたにとってもそうかもしれません。私たちは、お互いのことを本当に理解するための時間を取ったり、そのことにエネルギーを注いだりしようとはしていないのです。たいていの場合、それが友情であろうと、親密な関係であろうと、仕事の同僚であろうと、ただ好きだと感じたということだけで、簡単に関係性を始めます。彼らは、あなたの生活に何かを加えてくれるのです。そのような理由から、私たちは、現実の相手ではなく、自分の考えている相手と関係性を始めます。そして、関係性を築くプロセスは無意識で行われます。そうなると、これから向かう先に何があると思いますか？　もちろん、大惨事です。

なぜこれが悪夢であるかを理解してもらうために、例を挙げて説明しましょう。

幼い子供が水族館で小さなクラゲが大好きになり、両親はそのクラゲを買ってあげることにしました。その子供は、クラゲについて何も知りません。知っているのは、自分がクラゲを大好きだということだけです。子供は、自分が愛されていると感じるやり方で、クラゲを愛そうとしました。つまり、水中からクラゲを取り出して、毛布の中に包んであげたのです。そして、眠る前の子守唄を歌いました。クラゲに自分の大好きなチョコバーを食べさせようとしました。それから、水の中に戻したのです。

この話の結末が、想像できますか？　水の中に戻された時、クラゲはすでに死んでいました。子供はひどくショックを受けて悲しみ、どうしてクラゲが死んだのかまったく理解できませんでした。自分がこんなに愛情を示したのにと、クラゲを恨《うら》みさえしたのです。自分の愛している人に別れたいと言われた時、同じように感じたり、行動したりしていると思いませんか？

パラレルな世界とは、このようなものです。新しい相手と関係性を築く時、私たちがするのと同じように、その子供も新しいペットのことを理解していませんでした。自分の友人やパートナーを理解していないので、私たちは相手にとって間違ったことばかりをし、自分は彼らのために正しいことをしていると思っていたのです。

相手のことを理解していない時、その人が本当に自分と相性がいいのかわかりません。たとえば、相手がどれくらい長く一緒にいてほしいと思っているかわからなければ、どうなるでしょうか？

彼らはいつもそばにいてくれて、自分のために時間を割《さ》いてくれる人を必要としています。私たちは、仕事でその半分の時間しか家にいられないと思っていますが、それでも相手と結婚する選択をするかもしれません。その結果、関係性は衝突ばかりの惨めなものになり、いずれ別れることになるでしょう。

誰かを理解するのは、そんなに難しいことではありません。あなたが子供の頃、何かに夢中になった時と同じことをするだけです。完全に、それに没頭するのです。知りたいという好奇心と願望に導いてもらうのです。子供だった頃、もし馬が好きだったなら、それについてあらゆる本を調べたはずです。あなたは時間を忘れて、馬を眺めていたことでしょう。乗馬クラスにも参加したかもしれません。馬についての専門家になるため、できることは何でもしました。科学者が未知のものに興味を持つと、その特質や側面が明らかになるように、それを研究する役目を買って出ます。

もし自分の友人や恋人を理解することに同じくらい情熱を感じられるようになれば、幸せで長続きするつながりを手にするチャンスが大きくなるでしょう。

◆本当の姿を見せることから始める

私たちが人とつながりたいと思うのは、誰かに自分の内側を見てもらい、感じてもらい、聞いてもらい、理解してもらいたいと思っているからです。

しかし、人間関係に自信がないので、自分は、相手が受け入れる価値のある人間だと一生懸命信じさせようとします。私たちは、過去に自分が受け入れてもらった時の役割や、ほとんどの人が受け入れると自分でわかっているような役割を演じます。でも、好きになってもらおうとしたり、愛されようと努力することによって、ますますそれが遠のくのですから、まったく皮肉なものです。

このようになるのは、次のような理由からです。

もし自分の本当の姿を相手に絶対見せなかったら、本当の自分を見てもらい、感じてもらい、聞いてもらい、理解してもらうチャンスを相手に与えないことになります。そんな時、彼らはどうやってあなたを本当に愛すことができるでしょうか？　つまり、誰かとつながりを築こうとしている時、あなたは正直になり、本当の自分でいる必要があるということです。つながりに関していえば、透明性が重要なのです。

あなたは仮面をつけ続けることはできません。自分をよく見せようとするのはやめて、ただあなたの本当の姿を見せてください。もし今、ありのままの自分ではなく、何かの役割を演じようとしているなら、あなたとつながっている人たちは、素のあなたではなく、あなたの演じている役割を愛しているということです。彼らが気づいているかどうかはわかりませんが、すべての人がエネルギーに敏感です。この世で一番怖いものは、何か別のもののふりをすることです。あなたが自分の感情とは裏腹の行動をしていれば、他人は必ずそれを感じるでしょう。

ですから、私は、あなたが人とつながろうとしているなら、オープンでいるようにと提案しているのです。何の隠し立てもしない人になってください。

心がオープンであるとは、感情的な寛容さを意味します。もしつながりがほしいなら、相手を自分の中へ招き入れ、同じように、相手の中へ進んで入ろうとしなければなりません。つまり、すでにお話しした、自分の弱さをさらけ出すということが重要になるでしょう。寛容さの中には、相手に対して心からの褒め言葉をかけることも含まれるでしょう。それは対話や友情を始めるための素晴らしい方法です。

つながりの最も重要な点は、あなたのよいところも悪いところも受け入れて、一緒にいてくれる人を見つけることです。あなたのすべてがポジティブなものでなければ愛せないという人ではありません。それは条件付きの愛になるでしょう。そして彼らを自分の人生の一部にすることを恐れないでください。たとえ相手に要求されなくても、あなたに関する情報を提供すれば、彼らはあなたの人生の一部になり、あなたから望まれていると感じます。あなたの情熱をその相手と共有してください。そうすれば、あなたが心を開いていると感じてもらえるでしょう。

◆つながるのを助ける行動

私たちの中には、他人とのつながりを必要としながらも、どうしていいのか戸惑っている人もいるはずです。そのような人のために、あなたが出会う人たちとつながりを築くためのいくつかの提案をしましょう。

これらのステップを行うために必要な条件は、自分自身を孤立させないということです。とても多くの人が、他人と一緒にいる時でさえ、孤独だと感じています。私がこの本でお話ししているのは、そのような深い実存的な孤独です。しかし、孤独を感じて、自分の生活をよく見てみた時、自分は物理的にも一人ぼっちだったということもよくあります。

たとえば、毎日、自分のアパートに閉じこもっていたり、ネット上での人間関係しかなかったりするようなら、十分に人とつながることはできません。ですから、まずあなたの生活をじっくり見てください。目を閉じて、自分がハエになり、平均的なあなたの一日をこっそり観察していると想像しましょう。一時間おきに、自分の動きを観察してください。あなたの目的と行動の間に食い違いはありませんか？　ひょっとして、あなたは誰かとつながりたいと言っていますが、朝起きて、仕事へ行き、小さな仕切りの中で働き、帰宅して、夜寝るまでテレビを見るというように、ずっと一人かもしれません。これでは、他人とのつながりができるチャンスはないでしょう。

人とのつきあいで出かけたり、買い物へ行ったり、公園を歩いたりしている時、多くの人は誰かが自分に声をかけてくれるのを待っています。しかし、実は、自分が拒絶されるのをひどく恐れているのです。

もしつながりを望んでいるなら、時には、自分からコンタクトを取る必要があると理解しなければなりません。私たちは、つながりに関して受身的になる傾向を克服し、自分がつながりたいと思うような人のいる場所へと進んで出かけ、自分から声をかける必要があります。もしみんなが不安を感じ、最初に声をかけるのを恐れているとしたら、あなたから始めたほうがよいでしょう。

つながりたい相手を見つけたら、その人に対して、あなたの注目を無条件で与える準備をしてください。誰かに十分な注目を与えた時、あなたは心から相手とともにいます。これを相手に対する侵害と混同しないでください。私は、相手に押し付けるように言っているのではなく、あなたのエネルギーを贈るようにと言っているのです。

そうするためには、好意的な印象を与えるボディランゲージを使うとよいでしょう。たとえば、相手に微笑みかけたり、相手の目をまっすぐ見たり。腕や足を組むのはやめましょう。あなたの眼差《まなざ》しと身体の両方が、「私はあなたに心を開いていて、興味を持っています。私はあなたとつながり、お互いに受け入れ合うことを望んでいます」と伝える必要があります。

◆つながりの取引的な性質

人が他人とつながりたいと思う唯一の理由は、相手から何かを得るためだとか、相手の情報を利用して対抗するためだと感じている人たちもいます。たとえば、魅力的な女性の中には、このように思っている人が少なくありません。というのは、自分に近づいてくる男性は、みんなセックスが目的だと思っているのです。

このような理由から、他人がどんな傷を抱えているかを直感することが重要です。そうすれば、違うやり方で、相手とつながることができるでしょう。

たとえば、あなたが男性で、美しい女性と親しくなりたいと思っているとします。でも、セックスや容姿を目的に男性が自分に近づいてくることが彼女の傷になっていると直感したら、最初に容姿のことを褒めるのはお勧めできません。

もし本当につながりたいと願うなら、相手に近づく時、異なるエネルギーを発してください。人が自分とつながりたいと思う動機を疑っているとしても、それはあなたのせいではありません。むしろ、その人がずっと抱えているつながりの傷のせいです。その人は、子供時代に経験したつながりに関係する同じ痛みを再び経験しないようにしているのです。

相手に興味を抱いてください。表面的なつながりではなく、親密さを目的にしましょう。

相手の人をしっかりと見て、気持ちを感じ、理解してください。そうすれば、彼らの経験を共有できるようになります。

他人が自分に興味を持ってくれるように努力するよりも、自分が他人に興味を持とうとするほうが、もっとたくさんの友人ができるはずです。相手について学び始めてください。

もし役立つなら、心の中で相手についてのマニュアルを作っていると考えても構いません。相手から何かを得たいのではなく、本当に相手のことを深く知り、つながりたいと思っているというエネルギーを発しましょう。

つながりの〝エネルギー〟を利用する

もっと多くの人に出会いたいなら、相手があなたに歓迎されていると感じるように、温かくポジティブなエネルギーを発散してください。そのためのよい方法をいくつか紹介しましょう。

道路を歩いていて、まったく知らない人が通り過ぎたら、相手の中に何か好きなところを探し、それを褒めて、愛してください。心の中で、「私はあなたの〜を愛しています」と言いましょう。それから、なぜそれを愛しているかを言い、最後に、「だから、私はあなたを愛しています」と言ってください。

これらの言葉を心の中で言いながら、あなたのハートや胸からエネルギーが相手のほうへと送られていくのをイメージしましょう。まるで、相手のハートへ見えないシグナルを送るようにです。

たとえば、一人の女性のところを通り過ぎたら、次のように言います。

「私は、あなたが子供の手を引いている感じが大好きです。あなたがあふれるばかりの愛情を注いでいて、子供は安心しているに違いないとわかるからです。そうしているあなたが大好きです」

街を歩きながら、性別や年齢は気にせず、できるだけ多くの人に対して、この声に出さないポジティブなエネルギーの発信をしてみてください。ただし、たくさんの人に対して、そここの賞賛を送るよりも、5人の人へ心からの深い愛や賞賛を与えるほうが効果的です。

この行為が集合意識に波及効果を及ぼし、思いがけない喜びを味わえるでしょう。自分と人々との関係が、これまでと大きく異なることに心底驚くはずです。

◆共通の基盤の見つけ方

共通の基盤を見出すことは、感情的なつながりを築くのに役立ちます。そして、自分とは非常に異なる意見や感情を持つ人とつながるための素晴らしいスキルにもなります。たとえば、一人が会計学で学位を取ろうとしていて、もう一人が考古学を勉強していますが、二人とも山登りが好きだとしましょう。二人にとって、山登りが共通の基盤になります。ですから、山登りについて話してください。

二人の共通の基盤を見つけるためには、相手の言葉や行為にきめ細かく注意を払いましょう。相手のことを本当に理解し、つながりを築きたいと思っているなら、彼らに質問をしてください。

相手の内側の世界や価値観、好きなものや嫌いなもの、信念や意見、夢や葛藤が明らかになるような質問をしましょう。関係性は共有することに基づくので、自分が尋ねた質問に対して、自分自身はどう答えるかを準備しておいてください。

相手があなたの質問に答えて、自分について話してくれたら、それを変えようとしたりせず、ただ受け取ってください。あなたの目と耳、マインドとハートのすべてで、相手の話に耳を傾けましょう。

つながりの重要な部分は、つながるための安全なスペースを提供することです。これに関しては、両者の責任です。人々は、自分の真実をあなたと分かち合うのを恐れているかもしれません。なぜなら、その結果として起こるかもしれないことを恐れているからです。ですから、恐れているような結果は起こらないようにしてください。

たとえ彼らの意見に同意できなくても、重要なものとして扱いましょう。そして、彼らがそう感じるのには、正当な理由があることを思い出してください。敵意は、つながりに大きなダメージを与えます。どんなことよりも、まず彼らの感情を受け取る必要があると覚えていてください。

彼らと話しながら、心を通わせましょう。彼らの気持ちを理解し、思いやりを持って、彼らが認めてもらったと感じられる方法を見つけてください。もし本当に誰かとつながりたいと思うなら、相手が感じていることを進んで感じようとしなければなりません。私たちは、彼らの立場になってみる必要があります。それは、文字通り、彼らの見方を経験しているところをイメージする助けとなるでしょう。

私たちは、自分のことを語る口実として、相手のストーリーを利用している時に、相手と心を通わせていると思ってしまうことがあります。しかし、相手が自分の話を聞いてくれることよりも、自分が相手の話を聞くことのほうが大切です。さもなければ、相手は、自分が取るに足らない存在だと感じてしまうでしょう。もし自分のことを気にかけてもらいたければ、まずあなたが心から相手のことを思わなければなりません。

相手の見方や考え方を理解できないと言うのは避けてください。善意ある人々がそう言って、完全につながりを壊してしまい、相手を一人ぼっちだと感じさせてしまうことがよくあります。そのような例を紹介しましょう。

ある人が、自分は家族のことがまったくわからないと言いました。あなたはすぐに口を挟み、「かわいそうに……。私は自分の家族が大好きです。素晴らしい家族ですから。彼らがいなかったらどうすればいいかわかりません。特に母親のことはとても愛しています」と言いました。それで、あなたはつながりではなく、分離を生み出してしまいました。

つまり、彼らの意見や感情をまったく共有できないと感じさせてしまったのです。もし彼らがあなたの家族のことを尋ねたとしても、彼らの傷に塩を塗ったり、分離の感覚を生み出さずに、正直でいることができるはずです。

多くの人は、自分が誰かを助けることができる時だけ、その人とつながるチャンスを掴みます。なぜなら、自尊心がとても低く、他人が自分とのつながりを受け入れるのは、自分が相手のために何かできる時だけだと思っているからです。これは、悪い方向へ進む危険性を秘めています。

一番よいのは、あなたが助けられるところで助けることです。しかし、誰かを助ける前に、自分に対して次のような質問をしてください。

「彼らを助けることの見返りとして、忠誠心や感謝の気持ちやつながりのようなものを期待していないだろうか？　このように助けることで、彼らにはどこかおかしいところがあり、それを修正する必要があるというメッセージを送っていないだろうか？」

まったくそんなことはないというのが答えなら、すぐに助けてあげましょう。

次のような一般的な経験則があります。それは、無意識の操作によって形成されたつながりは、最終的に、いつも自分が避けようと操作していたものを、逆に拡大してしまうというものです。たとえば、もし自分をよい人だと感じ、罪悪感を避けようとして、誰かとのつながりを築けば、その関係性が、自分はひどい人だという感情を悪化させる運命にあります。

同様に、自分に価値がないと感じているので、その人を助けることでつながりを作ろうとしたなら、遠回しのやり方で自分の価値を感じようとしているだけです。そのような関係性は、結局、自分は役立たずで、他人に対して何の価値もないと強く感じさせるものになるでしょう。

人々とつながることの邪魔をしている分離や恥や恐れに気づき、それらに対処した時、私たちは、孤独な状態からつながりの状態へと移行できるでしょう。そうすれば、私たちに残されているのは、そのつながりの維持に集中することだけです。

第5章

つながりを維持する

つながりの維持において、最も難しいことは、二人の人が関わっているということです。両者が、時間が経っても強い絆を維持しようと尽力しなければなりません。それを望んでいない相手と絆を保つのは不可能です。さらに、相手が、頭の中では絆を維持したいと思っていても、健全な関係性を保つために何の努力もしようとしない場合は無理でしょう。

このことをたとえ話を用いて説明しましょう。二人の人が、子供用のプールの両端に立っていると想像してください。強力なつながりは、両者が自分の自由意志でプールの中へ入ると決める時にだけ生まれます。もし一人がプールに入り、もう一人が入らないのであれば、つながりは生まれません。

もし一人がもう一人をプールから追い出そうとしたり、無理やり中へ入れようとしても、強いつながりは生まれません。また、どちらかがプールから出たり入ったりしてもつながりは築けません。両者共にプールの中にいると約束しなければならないのです。これが関係性というものです。

これを人間関係に当てはめて考えてみましょう。もしあなたと一緒にいてくれるように、エネルギーや言葉や行動で相手を引き寄せようとしているなら、それをやめなければならないという意味です。あなたは勇気を出して、完全にそれを手放さなければなりません。そうすることで、相手は、あなたと一緒にいるかどうかを決める責任を再び取り戻せるでしょう。

これは、あなたが相手を遠くへ追いやったり、相手から自分が遠ざかるという意味ではありません。これまであなたが関係性に与えていた緊張を取り去るというだけです。

結果として、彼らは絆の維持に責任を取ろうとせず、立ち去ってしまうかもしれません。これは、あなたに地獄のような苦しみを与えるでしょう。しかし、長期的に見れば、釣り針に魚をつけたまま、何年間も引っ張り続けることに比べれば、はるかに小さい傷ですむはずです。その関係性は、それほどの努力に値しません。あなたは、それよりずっと大きな価値がある存在なのです。

もしこのことを受け入れることができたら、ここで一番大事な学びへと進みましょう。それは、あなたが築いた関係性を長続きさせるための方法を学ぶことです。

◆あなたの愛を表現する方法

誰かとのつながりを築いたら、それがパートナーとの関係であろうと、友人や子供との関係であろうと、相手に対して寛大になり、あなたの気遣いを表に出してください。言い換えれば、あなたが相手を大事に思っていることをしっかり示しましょう。

友人や愛する人を思いやって気を配り、意識的に彼らのほうへそのエネルギーを送ってください。相手に関する重要な日付や物事は忘れないようにしましょう。そうすれば、あなたが相手のことを真剣に考えているとわかってもらえます。もし関係性で衝突が起こったら、できるだけ早くそれを修復してください。

あなたの人生で、その人を何よりも優先するようにしてください。相手に対して、「あなたは私にとって重要ではない」というメッセージを与えているなら、つながりを築くのは難しいでしょう。ですから、あなたのつながりたいと思う人が、実際に重要で、何よりも優先されていることを確認してください。

相手にとって適切なやり方で、あなたの愛を表現しましょう。たとえば、相手が触れられることを喜んで受け入れるようなら、身体で表現します。また、言葉で相手をほめたり、皿洗いのようなお手伝いをしても構いません。

贈り物で愛を表現することもできます。贈り物は、あなたが相手のことを思い、愛情の印を購入したことを相手に伝えるものです。あるいは、楽しく価値のある時間を相手と過ごして愛を示すこともできるでしょう。深い対話やハイキングや外食など、二人が大好きなことを一緒にしましょう。そして、あなたの愛の表現は、正しい理由でなされなければならないことを忘れないように。あなたは相手から何か見返りがほしいのではなく、相手によい気持ちになってほしいと心から思っているからそうしているのです。

長続きするつながりを築くためのもう一つの方法は、相手のよさを理解してほめることです。あなたが、誰かあるいは何かの中にポジティブなものを見つけるたびに、両者の間に、遠ざける動きではなく、引き寄せる動きが生まれます。ですから、もし誰かとしっかりしたつながりを築きたいと思っているなら、相手のよさをほめる必要があります。

相手についてポジティブなものは何でもほめてください。相手の人間性や、自分の人生に与えてくれるものの価値を認め、感謝してもよいでしょう。それによって、私たちの関係性はよりよいものに感じられます。

私がお勧めするのは、時々、相手のよい性質や自分の人生に与えてくれるもののリストを作るということです。このような注目を相手のほうへ向けた時、あなたの身体に何が起こるでしょうか。抵抗する力が消えていったり、相手に対してもっと心を開いたり、つながりが前より強くなった感じがするかもしれません。

そして、相手の存在を決して無視しないことが非常に重要です。まるで自分が存在していないような扱いを受けることほど傷つくものはありません。たとえ、その瞬間、あなたが怒っていたとしても、愛する人を冷たくあしらう理由にはなりません。特に、衝突した時には、感情的、身体的に、相手から離れようとしないでください。親密さやつながりを恐れている人は、島のように孤立することで、このような感情に対処する傾向があります。彼らは恐れから守りの姿勢に入り、心を閉じてしまい、相手を切り離そうとするでしょう。

◆あなたのエネルギーが向かう先

関係性を始めたり、つながりを築いたその瞬間に、あなたに考えてほしいのは、三つの存在、つまり「あなた、相手の人、関係性」があるということです。関係性は3番目の存在です。

どんな時でも、あなたのエネルギーは自分自身、あなたのパートナー、もしくは二人の関係性に与えられます。同様に、相手のエネルギーも彼ら自身、あなた、二人の関係性のいずれかに集中します。このようなエネルギーは、送られた対象が何であれ、それに対して活力を与えます。

関係性における最も大きな問題の一つは、一人の人が十分な愛のエネルギーを与えられていないということです。この理由は、次の三つのうちのどれかによって起こります。

1　相手に対してではなく、関係性そのものにたくさんのエネルギーを注いでいる。

2　相手のためになると思うものにたくさんのエネルギーを注いでいるけれど、相手は愛されていると感じていない。本質的に、相手が愛を感じるものについて誤解している。

3　本音を言えば、一方の人が与えることに興味がなく、関係性と相手から得られるものだけに興味を持っている。これは寄生の関係であり、共生の関係ではない。

幸いなことに、相手から奪うことにだけ興味がある人と関係性を築いているのは稀《まれ》なことです。相手が自己中心的だったり、関係性が一方通行のように思われたなら、それは彼らがあなたではなく関係性にエネルギーを注いでいるのか、もしくは、あなたが愛されていると感じられないやり方で、あなたに対してエネルギーを送っているかのどちらかです。

お互いにエネルギーを与え合うためのリスト作り

関係性の維持に必要なのは、二つのパートからなるプロセスです。一つ目のパートでは、それぞれが、相手から愛され、エネルギーをもらっていると感じるもののリストを作ります。好きなだけ書き出したら、それぞれに1から10までの得点をつけてください。10が、あなたにとって一番重要なもので、相手からとても愛されていると感じるものです。順位づけが終わったら、最も重要なものから順番に並べましょう。それは、あなたのパートナーや友人にとって、非常に役立つ参考資料になるはずです（リストを書く時は、三人称を使ってください）。

次に、女性のリストの例を紹介しましょう（P279〜280）。

彼女は、自分のパートナーが彼の視点から読み上げることを想定して、これを書いていることに注目してください。このリストは、あなたが愛されていると感じるために何が必要なのかということを、相手の人にしっかり理解してもらう助けとなるでしょう。

あなたやパートナー、友人や家族のメンバーが自分自身のリストを書き終えたら、このプロセスの2番目のパートへ進みます。それは、あなたのリストを相手に渡して、相手のリストをあなたが受け取ることです。両方がそれぞれのリストを読み終えたら、リストにある一つひとつの項目について話し合い、その意味について明確にしてください。

そして、それぞれが相手に与えていると思っているやり方について、さらに話を進めましょう。

あなたが相手のためにやっていると思うものは、本当に相手のためになっているでしょうか？　相手がそこにいないと思って、あなたが相手のためにしていることを中立的な第三者に話しているようにしてください。一つひとつの項目で、その行為があなたに何を与えてくれるかについてお互いに話し合いましょう。

10、彼女を愛しているという理由で、「あなたのことが好きです」と伝えるための贈り物を買う。
10、サプライズでデートに誘う。
10、休暇をとったり、家族の日を作ったり、コミュニティの集まりへ参加できるよう努力する。家族団欒の場を持つようにして、彼女のプレッシャーを少しでも取り除く。
10、彼女が不安を乗り越えたり、他人との間に抱えている問題に取り組むのを助ける。
10、彼女が収入を生む方法を一緒に考える。
10、紳士的に振る舞って、彼女のためにドアを開けたり荷物を運んだり、道路側を歩いたり、上着を脱いだり着たりするのを助けたり、彼女の手を取って歩いたり、彼女の状態やニーズを感じ取ってあげたりする。
10、不必要な問題から彼女を守り、夜は家の戸締まりをするなど、いつも彼女が安全でいられるように守る。
10、彼女についての専門家になる。彼女や彼女の内側の世界を理解するために努力を惜しまない。

9、彼女をバレエやオペラへ連れて行く。
9、彼女が創造したり、情熱を傾けていることに一緒にワクワクしたり、夢中になる。彼女に対して、「本当に大切に思っている」という反応をする。

8、彼女をレストランへ連れて行く。単にご飯を食べに行くのが目的というのではなく、彼女のために特別なところを選ぶ。
8、彼女がどんなに綺麗かを、具体的に詳しく伝える。
8、自分の無精髭で彼女の顔を傷つけないように、いつも髭を剃っている。
8、もし彼女が何かと苦闘していたり、何かを始めたいと思っているのがわかったら、率先して助けるようにする。

7、メッセージを送る。
7、彼女をハイキングに連れて行く。
7、彼女の好みだと知っている映画に連れて行く。
7、彼女が好きだと思う食べ物やお茶や飲み物を用意する。
7、彼女の肩や首を揉んであげる。
7、彼女について何か素敵なことをフェイスブックに載せる。
7、背後から彼女を抱きしめてあげる。

6、ロマンチックな短期休暇を取り、そこで彼女の好きなことを一緒にする。
6、彼女が好きだとわかっているプロジェクトを計画するなどして、家がもっと美しくなるようにしてあげる。

5、彼女にラブレターを送る。
5、彼女をダンスのクラスへ連れて行く。

4、絵を描いたり、何かを創造したりできる場所へ彼女を連れて行く。

3、彼女のために、バラの花びらを浮かべたお風呂を用意してあげる。
3、ピクニックランチを用意して、彼女をどこかへ連れて行く。
3、彼女に優しさいっぱいのメールを送る。
3、彼女が自分一人ではなく、支えられていると感じるように、彼女が行く必要のある場所へ車で送ってあげる。

2、もっといいパートナーになるために本を読んだり、テレビ番組を見たりする。彼女や二人の関係性に利益をもたらすと思う自己改善の行動をする。

◆誰が、誰に対して与えているか

親密な関係において、私たちのエネルギーが実際にどこへ向かっているかを明らかにしようとすると、見当違いしているとわかることがよくあります。よい例の一つがセックスです。

あなたがパートナーとつながっていたいと願うと、おそらくセックスが重要なものになるでしょう。すでにお話ししたように、多くの女性にとって、セックスは安心を得るための取引材料になります。彼女らは男性にセックスという餌を与え、それによって関係性の安全を手に入れたいと思うのです。

では、男性のほうが、「自分はセックスをしてあげている」と言ったとします。多くの女性にとって、これは取引のように感じられて愛されている気はしないでしょう。実のところ、彼女のほうが、関係性を得るために、まず自分から与えているはずだからです。このような状態の健全さについては別のところであらためてお話ししますが、この例について言えば、彼女は自分が彼に与えていると感じたいのですが、男性も自分が彼女に与えていると感じたいのでしょう。自分が受け取りたいものの好みや優先順位を明らかにすれば、あなたが関係性を維持できるチャンスははるかに大きくなります。

このような見当違いは、関係性のほかの行為でも生じることがあります。よくあるのは、ある人が自分のパートナーのために何かをしている時、そのパートナーは、相手が自分勝手にしていると見ている状態です。次のような例について、考えてみてください。

私は、毎朝、一緒にジョギングしている夫婦の相談にのったことがあります。夫は、彼女のためにできることのリストに、一緒にジョギングすることを挙げていました。そして、妻も、夫のためにできることのリストに、それを挙げていました。同じリストの中で、夫は、妻のためにすることとして、アートフェアに行くことをリストに挙げ、同じように妻もそれを挙げていました。

ところが、一日の終わりには、二人ともへとへとになっていました。なぜなら、実は相手が望んでいない方法で、相手に対して自分のエネルギーを費やしていたからです。このことがわかった時、彼らは一緒にジョギングをするのをやめ、もしアートフェアに行くなら、相手のためではなく、自分も興味があるものだと理解した上で行くことにしたのです。

このようにして、彼らは、お互いにとって最大の利益になることを一緒にする、というほうへ焦点を移すことができました。その結果、二人とももっと認められ、聞いてもらい、愛されて、感じてもらい、理解してもらっていると感じるようになったのです。その上、これまでにないくらい関係性もよくなりました。三つの存在のすべてが満たされたからです。実のところ、そのために、さほど努力は必要ありませんでした。

時には、私たちが相手と関係性のためにできることが、自分のしたいことと一致し、三つの存在すべてを満たすこともあります。

そこで、あなたにうまいやり方をお教えしましょう。特に関係性において、相手のために何かをすることは、母親に栄養を与えればお腹の中の子供にも栄養を与えることになるのと同じように、関係性のために何かをしていることにもなります。相手から栄養を与えてもらった人は、その関係に心地よさを感じるでしょう。それは関係性をより安全で、持続するものにします。ですから、よい関係性を作る最善の方法は、友人やパートナーにエネルギーを与え、間接的ではなく、直接的なやり方で、彼らのために愛に満ちたことをすることです。

◆間接的な愛の行為がパワフルでないのはなぜか？

男性やその家族によく見られるものですが、間接的に人を愛することの例を紹介しましょう。

男性は、エネルギーを仕事に集中し、自分は家族のためにお金を稼いでいると言います。彼は、こうやって家族に愛を示していると思っているかもしれませんが、家族は愛されているとは感じていません。結局、彼の経済的な成功や家族を養う能力は、彼にとってかなり意味のあるもので、仕事を通してさらに彼は信望や経済的な安定を手にします。

ですから、仕事に対する彼の献身さは、家族のためというよりも利己的なものに思えます。それは、家族を愛する間接的な行為ですが、うまく機能していません。彼の妻や子供にとって、愛されていると感じるための優先リストはまったく違うもののようです。家族が自分たちのニーズや望みを表明した時、おそらく彼は、家族に対してもっと直接的に愛を示す方法は、一週間のうち最低一日は電話にも出ず、家族のことだけを考える日にすることだとわかるでしょう。

ここから得られる大切な教訓は、自分が人に与えているやり方は、必ずしも人が受け取るやり方ではないということです。私たちは、他人のために何かをする際、戦略を練っていろいろなやり方を見つけなければなりません。そうすれば、あなたがパートナーに与えているものは、彼らにとって価値があり、受け取りたいと思っていたものになるでしょう。これは毎日変わるかもしれないので、その変化を感じられるように相手に波長を合わせておく必要があります。

たとえば、私はとても愛されていると感じる方法として、映画へ連れて行ってほしいとリストに書くかもしれません。でも、身体の調子が悪い時には、パートナーが温かなスープを持ってきてくれて、自宅で一緒に映画を見るほうが愛されていると感じるでしょう。このような時に、もしパートナーが映画館へ行こうと主張したとしたら、私は自分が愛されていないと感じるはずです。なぜなら、それは、私がどんなに具合が悪いかを感じられるだけつながっていないという意味だからです。

ここから別の視点が見えてきます。相手がやるから自分もやり返すというような関係性にしないでください。もともと関係性とはそのようなものではありません。関係性とは、お互いが育み合って、その関係をよくし、維持するものです。

あなたは一日を通して、自分だけのために物事をすることができます。でも、もしあなたが「愛するパートナーや友人が愛されていると感じ、活力を与えられるように、私に何ができるだろうか?」という態度で朝目覚め、相手もあなたに対して同じように感じながら目覚めたとしたら、あなた方はお互いを育み合うことができるでしょう。あなた方の一方に、もっと注意や慈しみが向かうこともあれば、もう一方のほうへと向かうこともあるかもしれません。しかし、どちらも愛情に飢えることはなく、双方がその関係性に心地よさを感じることでしょう。

自分のニーズや欲求について明確になれば、あなたは何かを一緒にするたびに、それが自分の活力になるとわかります。そして、最も調和し、二人が活力を得られる関係を築くために、自分のエネルギーがどこへ流れているかを意識的に見始めるでしょう。

手元にあるリストと新たに得たお互いへの理解によって、今あなたはお互いをサポートし、笑い合い、ともに遊び、二人が一緒に楽しめることをするために、自分のエネルギーをポジティブなやり方で使うことができるでしょう。つらい時期を一緒に過ごすことが二人をつなぐパワーになるように、絶えずこれを行うことで、二人のつながりが形成されていきます。

本質的に、あなたは気持ちのよくなることを優先します。気分が悪くなることは人生や関係性の避けられない部分であるとわかっていますが、いい気持ちになることを基にしてつながりを築けば、葛藤や争いが関係性の基調になることはありません。

毎日、相手の人を励ますようにしてください。励ましてもらうと、私たちはもう孤独だとは感じません。自分が世界に立ち向かっているように感じることもありません。励ましは、非難や落胆とは正反対のものです。それは非常に強力で、相手の人へ安らぎを与え、自分の夢や願望を話してもいいと思わせるでしょう。あなたはすでに、夢や願望が私たちという存在の傷つきやすい部分であることを知っているはずです。これらの弱い側面を相手から教えてもらったり、その人が自分を育み、サポートするのを助けるというのは、まさに贈り物になるでしょう。

◆コミュニケーションの仕方を練習する

それが友情であろうと、家族関係や恋愛関係であろうと、私たちはそのつながりのために全力で取り組みます。コミュニケーションは、つながりの大きな部分を占め、単に言葉だけでなく、さまざまな方法で行われます。実のところ、コミュニケーションの大部分は、ボディランゲージによるものです。ですから、私たちは、自分が何を伝えているのかを意識し、慎重に対話する必要があります。効果的なコミュニケーションをとるには、自分の感情を抑圧したり、感情を避けたり、否定したり、はねつけたり、麻痺させたりしてはいけません。私たちは、自分の感情的な真実や個人的な真実を進んで認め、それを相手の人に対して、健全なやり方で伝える必要があるのです。

もしどうしていいのか困惑しているようなら、今あなたが考えていることをハートのところまで持っていってください。文字通り、それを胸のあたりに持っていき、そこから話すようなイメージをしてください。この方法は、〝ハートから話す〟と呼ばれます。これを行うと、私たちは自分の弱さをさらけ出し、もっと自分に正直になり、人との対話で、守りの姿勢に入ったり、攻撃的な話し方をしなくなるでしょう。

あなたの感情を言葉で表す練習をする必要があります。関係性にとって、黙り込んでいるほど悪いことはありません。それは拒絶と分離を生み出すでしょう。自分がどのように感じているかを誰にも話さなければ、あなたと相手の間には大きな溝が生まれます。あなたの気持ちが動揺していると、相手はそれを感じます。もしあなたが自分の感情について話さなかったり、それを否定したりすれば、パートナーはひどく混乱するでしょう。

関係性において、あなたのニーズや欲求、そして期待をはっきりと表現してください。相手の人に、あなたの思考や感情を推測させたり、読み取らせようとするのは不公平です。さらに、相手のニーズや欲求や期待を理解するための時間を取ることが重要です。あなたが望み、必要とすることをお願いし、相手に対しても同じことをしてもらいましょう。そして、それらのニーズや欲求を満たすことに専念し、エネルギーを送り合ってください。

◆関係性を最優先事項にする

これまでのところで、あなたはつながりを築き、相手のニーズや優先事項を理解したはずです。次にすることは、それを完全に実行することです。自分が約束したことをやり遂げてください。自分が何かをすると言ったら、最後までやり通しましょう。自分のした約束を無視したり、忘れたりしないように。もしそうすれば、関係性における信頼が崩れてしまうでしょう。信頼は、関係性で安心を感じるための大きな要因です。

関係性における過《あやま》ちは避けられませんが、関係性を継続するには、過ちを認めて、自分の行動を変えることが大切です。自分の行動を変えようとせず、何度も謝り続けることは、相手の感情を大切にしたいというよりも、相手に不平を言うのをやめてほしいというメッセージを送ります。しかし、私たちが関係性を続けようとして、つながりを脅かしている行動を修正している時、私たちはつながりに責任を持とうとしています。強いつながりとは、両者が誠実なつながりを維持することに責任を持っているということです。

私たちが他人とのつながりを長く続けることができないのは、自分の優先順位について明確ではなく、それに専念していないからです。もし心地よい関係性を保ちたければ、それを優先し、十分に尊重しなければなりません。優先順位に正しいとか間違いというものはありません。しかし、仕事や趣味があなたの関係性よりも高い優先順位になっているなら、関係性はうまくいかなくなる可能性が高いでしょう。

関係性よりも仕事や趣味を選んでいれば、あなたのパートナーは、自分が愛されてなく、重要ではないのだろうと感じます。彼らは、あなたに心を開いてつながるのは安全ではない気がするでしょう。あれかこれかという利害の衝突に直面した時、十分意識をして自分の優先順位を決めてください。最も健全な関係性においては、関係性の健《すこ》やかさとパートナーがどう感じているかを、あなたの最優先事項とするべきです。

そのためにはコミットメントが必要で、それは多くの人にとってゾッとするものだということは十分わかっています。しかし、もししっかりしたつながりがほしいなら、全力を傾けなければなりません。それが関係性や仕事、あるいは他の何であろうと、それにすべてを捧げるのを躊躇することは、ブレーキをかけながら運転しているようなものです。

コミットメントとは、自らを捧げている状態です。簡単に言えば、次のようになるでしょう。つまり、何かに自分を捧げるとは、それに対して自分のエネルギーを与えることです。何かに自らを捧げれば捧げるほど、それに対して、自分のエネルギーと自分自身をもっとたくさんを与えることになります。

◆コミットメントに対する恐怖

もしあなたがコミットメントに対する恐怖と闘っているようなら、コミットメント恐怖症という言葉はあっても、真のコミットメント恐怖症というものなどないということを理解してください。

その理由を説明しましょう。もし何かに身を捧げていなければ、あなたは一秒たりとも生きることはできません。あなたのエネルギーは、あらゆる瞬間、何かに注がれています。問題は、何に注がれているかということです。

たとえば、恐怖感から関係性に全力を注げない人は、人と関わらないという自由に対して身を捧げることをすでに選択したのです。ぐずぐず先延ばしにしている人は、気を散らすことに身を捧げることをすでに選択しました。決心することを拒絶した人は、すでに無責任になることに身を捧げています。

ですから、自分が何かに全力を注いでいないなら、それは、何か他のものに対してもっと身を捧げているという意味です。たいていの場合、それは正反対のものでしょう。時間をかけて、あなたが無意識でコミットメントしているものを見つけ出してください。そうすれば、あなたの人生で、本当に身を捧げているのは何かを理解できます。そして、それが、あなたの本当に身を捧げたいものなのかどうかを決めましょう。言い換えるなら、「私が本当に身を捧げたいものは何なのだろうか？」と自問するのです。これは、「私は何に身を捧げるべきなのだろうか？」という質問とはまったく違うということに注意しましょう。

このことが明確になったら、本当に何かを変えるために、あなたは変える必要性や理由をしっかり理解しなければなりません。「自分が身を捧げていない時、それは自分自身に対して、そして相手に対して何をしていることになるだろうか？」ということを自問をしてください。たとえば、あなたは相手に対して行動せずにチャンスを失ってしまったことがわかるでしょう。相手が拒絶感を抱いていることもわかります。あなたが自分のすべてを捧げなかったために手に入らなかった成功についても理解するでしょう。もし必要なら、気づいたことのリストを作ってください。そうすれば、あなたの人生で行ったこと、今行っていること、これから行えることが意識できるようになります。

もう一つの重要なアプローチは、自分のその側面を愛することです。ここで私が意味しているのは、すべてを捧げることを恐れているあなたのインナーツインのことです。過去に失望し、コントロールされた経験から、ひどく恐れている自分自身の内なる側面に対し、思いやりや愛とともにすべての注目を与えてください。インナーツインが望んでいることは、安全でいることだけです。愛を持ってこの側面に近づき、最終的にインナーツインや自分自身が幸せになるように、自分のすべてを捧げたいと説明してください。自分自身に対して、理解と癒やしを提供しましょう。そうすれば、内側で変容が起こります。

コミットメントを恐れているようなら、関係性のすべてに全力を尽くすのは難しすぎると思うでしょうが、おそらく小さなことならできるかもしれません。たとえば、毎日、相手とコミュニケーションをとると決心するのです。初めは、より小さなステップに分解して行うのがよいでしょう。

さらに、身を捧げたいけれど、そうするのを恐れているものについては、そのポジティブな面に焦点を当てるのが役立ちます。愛とは、恐れの反対です。ですから、もしパートナーを恐れているなら、彼らに関してあなたが愛を感じるところはないでしょうか？　もしあなたが仕事を恐れているなら、それについて愛している部分はありませんか？　もしある決断をすることを恐れているなら、その決断や、決断をすること一般について、あなたが大好きな部分はありませんか？

◆見えないヒモで縛られた関係

愛することは、何かを自分自身の一部にすることです。愛を感じると、自然に相手のニーズを満たしてあげたいと思うようになります。それが自分のニーズだと感じられるからです。しかし、多くの人が、本当の愛を経験しなかった人と家庭を築いてしまいます。そうすると、相手は真の愛を私たちに与えることができず、その結果、愛によって私たちとつながっていることができなくなります。むしろ、蜘蛛《くも》がハエを捕まえるために蜘蛛の巣を作るのと同じように、私たちとのつながりを構築しなければなりません。

愛されていなかった人たちは、ありのままの自分は愛されないと感じています。彼らは、ずっと内側に恥の感情を抱えながら生きてきました。彼らにとって、愛も人とのつながりも取引のようなものです。実のところ、自分のニーズを満たすための取引になるのです。

子供が両親から提供されたものを受け入れたり、両親に自分のニーズを満たしてもらうたび、いつもそれには見えないヒモがついています。これは、機能不全の家族に存在しますが、この種の取引的な愛（人々を捉えるために作った蜘蛛の巣）は伝染病のように蔓延《まんえん》しています。この場合の関係性は、相手を操作することによって作られます。

もし取引のようなやり方で育てられたなら、あなたはそれ以外の関係性は存在しないと信じているでしょう。無意識のうちに、すべてをビジネスの取引のように見ているはずです。ビジネスの話にはすべてヒモ（条件）がついていますが、問題はそのヒモが目に見えないことです。

蜘蛛の巣の話が大げさだと思っている人は、もう一度考えてみてください。エネルギーレベルでは、これが実際の人間関係です。蜘蛛は、蜘蛛の巣の中に入ってきたハエを捕まえるだけですが、ハエはあるシナリオの中に無邪気に生まれてきた子供のようなものです。また、蜘蛛は、蜘蛛の巣の中へハエを誘う方法を見つけましたが、そのやり方は、人間が他人に何かを提供して引き寄せるのと似ています。

この両方のシナリオには見えないヒモが存在します。どちらの場合も、ハエは蜘蛛の巣の中で動けなくなるのです。このハエのように、人も関係性の中に捕らえられます。そして、蜘蛛はハエを食べて生きるのです。関係性においては、一人の人が強制的な取引によって自分のニーズを満たすというものになります。つまり、彼らは、自分が受け取って当然と思うものを手に入れますが、相手の人は、そのようなやり取りの中で、自分が与えることに同意していないのです。

たとえば、母親が、自分の社会的地位と存在意義のために、子供をプロのスポーツ選手にすると決めたとします。この取引条件は、子供がそうなれるように、母親はスポーツ教室に行くお金を払い、毎日送り迎えする時間を取るということです。

しかし、そもそも子供は、その取引に同意していないことに注目してください。もし子供が自分の自由意志を示し、厳しい訓練を中止しようとしたなら、母親は、「お母さんは、あなたがプロの選手になれるように、あなたのためにお金も時間もすべて注いできたのよ」と言って、子供が母親への恩義の中から出られないことを思い出させるでしょう。結局、子供は罪悪感からその状態を続け、母親の夢を叶えようとするのです。

母親は子供を通して、社会的地位や自分の存在意義を手に入れます。彼女は、自分のところに生まれてきたということだけで、彼女の蜘蛛の巣に捕まった子供のエネルギーを食べているのです。

◆ヒモで縛らない子育てモデル

では、子供を見えないヒモで縛りつけていない家族とはどのようなものでしょうか？　よりポジティブな子育てモデルでは、子育ては愛によって行われ、両親は子供が生んでほしいと頼まなかったことを理解しています。彼らは、子供に尽くしているわけではないので、子供は親に何の借りもありません。子供は、彼らに与えられた贈り物ですが、自分自身の欲求やニーズ、本質や目的を持った存在です。

宇宙は、両親を信頼してこの素晴らしい贈り物を預けました。親と子供のパートナーシップが、両者の拡大とスピリチュアルな成長へと導くことを知っていたのです。この子供は、両親の一部として見られるようになっていました。両親は、自然に、愛情や贈り物、質の高い時間、奉仕の行動や賞賛を通して、自分の愛を子供に示すように促されるでしょう。

このような愛が示される時、それは見返りを得るためになされるわけではありません。両親は自分が愛している人に対して愛を示すことが心地よいので、そうするだけです。他の動機は必要ありません。なぜなら、子供が自分の一部になっている時、子供にとって心地よいことをするのは、自分自身にとって心地よいことをしているように感じるからです。

子供を含むあらゆる存在は、お互いに愛を感じた時、自然に愛のお返しをします。ただし、子供は、両親がこの愛を感じられるように、両親のために何かをしたり、何かになる必要はありません。あなたが両親との関係で望んだのはこのような愛です。そして、今もあなたが望むのは、このような愛の関係性です。つまり見えないヒモがついていない関係です。

今日、あなたの日々の生活で、このような関係性を持つことがいかに素晴らしいことかわかったはずです。他人の幸せを自分の幸せとして経験した時、あなたは無条件の愛を見つけたとわかるでしょう。それは、地球上で、最も豊かで開放的なフィーリングです。これは純粋なエクスタシーです。そして、地球上でのすべての存在は、このエクスタシーの送り手と受け取り手の両方になる価値があるのです。

◆自分の期待と想定に気づく

見えないヒモが付着していないような親密で愛に満ちた関係を作ることは、あなたから始まります。

自分が無意識に持っている隠れた期待に気づくことから始めてください。

次のように想像してみてください。男性と女性がデートで映画に行ったとしましょう。彼らは映画のチケットを別々に購入し、売店を通り抜けて、座席に着きました。ところが、女性は男性に少々うんざりし、がっかりしています。彼女が気分を害したのは、この男性が彼女の期待に沿えなかったからです。

彼女の期待は、男性が二人分の映画のチケットを購入し、さらに、ポップコーンも買ってくれることでした。彼女は自分がはっきり伝えなかった事柄を男性に期待しただけでなく、彼が女性をデートに誘った時、それは彼が自分で予想すべきことだと思い込んでいたのです。しかし、どうやって彼はこのすべてを知ることができるのでしょうか？　彼らは出会ったばかりなのです。彼にも、彼女の知らないさまざまな期待があるに違いありません。

私たちは誰でも期待を持っています。何かを期待することは、その何かが起こると自信を持って信じることです。しばしば、期待には、何かが起こるべき、あるいは、特定のやり方をすべきという姿勢が含まれます。想定することとは、何かを当然のこととしたり、何の証拠もないのに、何かが真実だと考えることです。これらの定義を見て、私たちが、関係性において同じことをしているということがわかりましたか？

関係性においても、すべての人が期待を抱いています。意識的な期待も無意識の期待もあるでしょうが、多くは無意識のものです。つまり、あなたは自分の期待のいくつかには気づいていても、残りの期待には気づいていないということです。そして、健全な期待もあればそうでない期待もありますが、そのほとんどが、これまでの経験や自分が育った文化によって作り上げられたものです。

関係性で、相手が自分の期待に沿わないと、あなたは気分を悪くするでしょう。ですから、自分の期待について自覚し、あなたがどんな想定をしているか明らかにしてください。

あなたの人生にいるすべての人が、あなたやあなたが過去に出会った誰とも違う期待や想定を持っていると考えてください。関係性がうまくいくことを望むなら、あなたたちの両方が、お互いの期待を見つける努力を意識的にする必要があるのです。

◆所属感は人間の基本的ニーズ

私たちの中には、運よく自分が所属したいような家族や社会に生まれた人たちもいるでしょう。一方、恥を感じながら育ち、自分のまったく望まないようなところが居場所になっている人たちもいます。そして、どこにも所属していないという感覚に苦しみ、根本的に分離していると感じている人たちもいます。自分は、どこにも、何にも、誰にも属していないと感じているのです。

所属感は、この宇宙で最も高い波動を持つものの一つです。実のところ、ワンネス、愛、所属感とは、同じ色合いの異なる〝トーン〟だと考えることができるでしょう。しかし、それだけでなく、所属感は、基本的な人間のニーズです。スピリチュアルの分野にいるとても多くの人が、人間のニーズを超越するのは可能であり、よいことだと信じています。私たちは、生物学的な仕組みに対抗するために、スピリチュアルの実践を使っているのです。

しかし、何かを必要ではなくするということはできません。異なるやり方でそのニーズを満たすことが可能なだけです。自分が完全に一人ではなく、何かとつながっていると感じるために、私たちは所属していると感じる必要があります。人間は社会的な生き物で、もし物理的に孤立すれば、死んでしまいます。ちょうど、水を与えられない植物が枯れるのと同じようにです。しかし、悲しいことに、たとえ他の人たちに囲まれていたとしても、つながっている感覚や所属感が得られなければ、愛情不足で死にそうになるでしょう。

所属するとは、何かの一部になることです。しかし、真の所属とは、たとえあなたが望んでも、その一部にならないということが不可能なものです。

たとえば、クラブに所属するために、あなたは単にそのクラブのメンバーになればよいはずです。しかし、それは本当の所属ではありません。なぜなら、あなたはクラブのメンバーにならないという決断ができ、その結果、もう所属しなくなるからです。

真の所属では、あなたが去っても、あるいは、もうその一部になりたくないと思っても、それは問題ではありません。あなたはまだここに存在し、宇宙のワンネスの一部になっています。

これを説明するためのよい例は、あなたが人間であるということです。あなたが自分のことを人間だと思いたくないとしても関係ありません。あなたの意思に関係なく、あなたは人間です。あなたは人間という種族に属し、その所属をやめる唯一の方法は、死しかありません。

これを十分に理解してもらうために、もう一つの例を紹介しましょう。

一枚の紙を用意し、その紙の一部が、紙の一部であることを望まないと想像してください。その紙を半分に切り裂きます。2枚になった紙を、テーブルの両端に置きましょう。それは今や切り離されました。しかし、その紙を紙ではなくすることができたでしょうか？　答えはノーです。紙を紙ではなくする方法はありません。このレベルでのつながりは安全です。なぜなら、つながりを壊すことはできないからです。

真の所属では、あなたは何かの一部として含まれています。それは、存在する最もポジティブな所有の表現です。この種の所有においては、すべてのパートが全体から分割されることがないので、あなたは全体を傷つけることなしに、一つの部分を傷つけることはできません。たとえば、もし誰かがあなたに属しているなら、あなたはその人を自分自身の一部として受け入れています。その時点で、あなたは自分を傷つけることなく、その人を傷つけることはできません。

◆影の所属を理解する

今までのところで、何かを愛するとは、自分の一部としてその何かを受け入れることだとわかったはずです。ここが、所属と愛の密接に関連しているところです。もしあなたが何かを自分自身の一部として受け入れれば、それはあなたに所属します。現実での問題の一つは、お互いに所属していない関係性に巻き込まれていることです。その場合、私たちの関係性は、完全に条件付きのものになります。私たちは、相手の人を自分自身の一部として受け入れていないので、彼らの最善の利益を自分の利益だと考えられません。所属の反対は、除外、孤立、そして仲間はずれです。

所属が大嫌いな人は、実際に所属するという経験をしたことがないからです。キリスト教の教えで「悪魔はキリストに変装する」という表現があります。皮肉ですが、あなたが望むものと正反対の波動を持つものが、あなたの望むものに変装してやってくるというのはよくあることです。言い換えれば、最悪の悪者が、被害者に変装してやってくるかもしれないということです。

所属についても同じことが言えます。孤立と非所属は、たいてい所属という変装をしています。それを影の所属と呼ぶことができますが、この種のものが所属に悪い評判を与えています。

影の所属の最もよい例は、カルト集団です。このような集団への所属とは、もはや自由ではなくなり、物のように所有されるということです。メンバーの個人的な幸せやその欠如は、グループ全体に何の影響も与えません。実のところ、個人の不利益がそのグループの利益になっています。

このようなグループでは、所属は除外によって決められ、誰が属していて、誰が属していないかということで定義されます。グループに従わなければ、あなたは追放されるでしょう。真の所属とは言えない影の所属をよく見てみれば、あなたは多くの宗教がこの範疇に当てはまるとわかるはずです。

家族の中に見られる一般的な影の所属は、親がナルシスト的な人格を示している時に起こります。その家族で、親を喜ばせない子供は、家族から疎外されるのです。そのような子供は黒い羊（羊は白いものなので、厄介者を意味する）と呼ばれます。そして、他の子供は、親を喜ばせるために、自分の一番の興味を捨てたり、親が望んでいるものになるために自分のアイデンティティを手放したりします。それが、叱られたり、疎外されたりせずに、その家族の中にいる唯一の方法だからです。そのような子供は、親から黄金の子供と呼ばれて、可愛がられるでしょう。

一方、疎外された子供は、絶えず所属を探し求める人生を送ることでしょう。親のお気に入りの子供にとって、所属は、自己の喪失や自己欺瞞《ぎまん》と同じことを意味します。現実において、どちらの子供も真の所属をしていません。なぜなら、彼らの所属は、親を喜ばすという条件付きのものだからです。一人の子供は所属をさせてもらえませんでした。もう一人の子供は、影の所属を与えてもらいました。

これから私が話すことで、所属に関するあなたの考えは完全に変わってしまうでしょう。

何かから分離した結果として、所属しなくなることが可能なら、それはもともと所属していなかったということです。たとえば、もしあなたが属する宗教の中で疎外されたなら、そもそもその宗教には所属というものが存在しなかったのです。

喧嘩したり従わなかったせいで、家族に疎外されるようなら、そもそもその家族には所属というものがなかったのです。真の所属においては、所属するために何かをする必要があるということはありません。

あなたは、源や神に真に所属していると言えるでしょう。なぜなら、あなたはそれの一部だからです。あなたはそれから分割されることはありません。あなたは、それに所属しなくなることはできません。あなたが何をしようとしまいと、そこに所属しないことは不可能です。しかし、物質的な生活において必要なのは、私たちが所属という概念を他人との関係性の中で具体的に経験することです。

◆所属感の育て方

所属感を養うための一つの方法は、あなたが所属したいと思うものとあなたの類似点を探すことです。所属できずに苦しんでいる時、あなたは再び疎外へと導くような違いに過度に敏感になっていることでしょう。その結果、自分がどんなに違っているか、どうして自分は入り込めないのかというところばかりに集中してしまいます。

それよりも、私たちのすべきことは、「どのような点で、自分はこれと同じだろうか？」という視点から、あらゆるものを見てみることです。もしパートナーと離れられないような間柄になりたければ、「どのような点で、自分はこの人と同じだろうか」と自問しましょう。関係性が始まったばかりの頃、私たちはお互いに強い所属感を抱いているはずです。ところが、時間が経つにつれ、その感覚を失い始めます。これは、私たちが興味を持つ人に初めて会った時、自分とその人の似ているところすべてに気づくからです。その類似点を基にして、私たちはつながりを築きます。

たとえば、誰かが馬を愛していて、自分も馬を愛していることに気づきます。これによって、お互いに対する所属感が生まれます。しかし、関係性が進むにつれて、私たちは違いにも気づき始め、別々のような感じがし、つながりが弱くなり、所属感が薄れ始めます。その時から、私たちは二人の類似点を認め直し、それを活用することにエネルギーを注ぎながら、所属感を取り戻すことに積極的に取り組まなければなりません。そうすれば、二人の間にある違いがつながりを脅かすものにはならないでしょう。

所属感を養うためのもう一つの方法は、受け入れることです。それは否定や回避の反対です。何かを受け入れるとはどういう意味でしょうか？　受け入れるとは、それが根拠のある正しいものだと認めることです。そうすることで、あなたは、何かを認めず、受け入れないのではなく、それを真実として受け止め、自分の一部にします。

誰かを受け入れるとは、あなた方が同じ意見や感情や見方を持っているかどうかにかかわらず、相手のどんな部分でももっともだと認めることです。たとえば、私たちに子供がいて、その子供が同性愛者とわかった時、その側面を受け入れ難いと感じたとします。自然の傾向として、私たちは、その側面を追い払い、それと闘おうとしますが、それを現実として受け入れて、認める方法を見つけるようにしてほしいのです。そうすれば、その子供の人生経験や感情や視点を考慮し、彼らが同性愛者になったのはもっともなことだと理解できるようになるでしょう。

あなたは、他人を認めることが、所属感を作り上げるということがわかるでしょう。実のところ、彼らを認めることによって、彼らは私たちが自分を受け入れていると知ることができるのです。彼らを認めて受け入れることによって、あなたが彼らの内側での経験を理解していると告げているのです。

◆不和が起きたらすぐに修復する

二人の人がつながろうとしている時、それぞれが異なるニーズや欲求、観点や感情、過去の経験を持っています。さらに、お互いがいつも同じ考えを持っている可能性はかなり少ないと言えるでしょう。つまり、どんな関係性においても、不和は起こります。それは避けられないものです。関係性における不和とは、あなた方のつながりが弱くなったり、壊れたりしてしまって、分離の痛みを感じているいることを意味します。

どんな関係性でも、私たちは不和の状態を経験します。些細《ささい》な不和は、あなたがパートナーに抱きしめてもらいたいと思っている時、相手は先にベッドから出て、一人でジョギングに行ってしまったというようなものです。また、別離のような大きな不和を経験することもあります。

つながりの持続的な安全性は、相手が私たちを見て、感じ、聞いて、理解してくれるだけでなく、そのことを続けてくれるかどうかにかかっています。もし不和を感じたら、あなたはそのつながりを再建することに尽力する必要があるでしょう。しっかりしたつながりを取り戻すには、両者が、絆の修復を最優先にして取り組まなければなりません。二人の人が同じ考え方に戻る必要があるのです。

波動的には、次のように説明できます。私たちは、スピリチュアルなエネルギーが、この時空間で人間の姿として具現化した存在です。ですから、この世で一緒に過ごす人たちとは、波動的に一致しなければなりません。これは、特に、恋愛関係におけるパートナーシップについて言えることです。

人生を歩むにつれて、私たちの中に願望が生まれてきます。この願望が私たちを拡大へ進むように告げるのです。この前進はよいことですが、変化ももたらします。私たちの現実にいる人たちとの一致を維持するには、歩調を合わせて変化し、前進しなければなりません。もし異なる波動を持ち、お互いに違うものを望むようになれば、やがて違う方向へと導かれるでしょう。つながりを取り戻すか修復する方法を見つけない限り、パートナーシップは終わりを告げます。

すでにお話ししましたが、共通認識がないことの一番苦しい形態は、物理的には同じ空間にいながら、違う現実を生きているというものです。ジムに行くと、リアルタイムでこのような分離が起こっているのを目にすることができます。一人ひとりが自分の音楽とワークアウトの計画を持っています。彼らはすれ違い、お互いに顔を見て、たまに器具について何かを話すだけです。

そのような人たちの中には、車の事故で配偶者を失ったばかりの人がいるかもしれません。また、明日結婚する人もいるかもしれませんが、ジムに来ている人は、誰一人そのことは知らないのです。たとえ同じ空間にいても、彼らは異なる知覚的現実に生きています。私たちは、ジムに行く時には、このような経験を予測していますが、これが家庭内の状態だとしたらどうでしょうか？　あなたのパートナーが異なる知覚的現実を生きているとしたらどうしますか?

◆共通認識を持つとはどういうことか

関係性がうまくいき、つながりを維持し、カップルが親密でいるためには、異なる知覚的現実の状態を続けることはできません。その解決法は、共通認識を再び得る方法を見つけることです。私がカップルの相談を受ける時によく目にする不和は、いつもこの共通認識に帰着します。つまり、二人が、共通認識を持っていないのです。二人の観点や欲求の違い、そのために起こる考えや行動の違いが、大きな波動的ギャップを生み出しています。

一人の人がチョコアイスが好きで、もう一人がバニラアイスが好きでも、それは関係性において大したことではありません。二人の意見の相違で、関係性には何の影響もないものもたくさんありますが、深刻な影響を与えるものもあります。

たとえば、一人の人が他の人との恋愛も許すようなオープンな関係性を望み、相手はそれを許容できないような場合です。あるいは、一人は子供がいなければ完全ではないと感じ、相手は二人だけの生活がいいと考えているような場合です。このような違いは、もし和解できなければ、その関係性は終わってしまうでしょう。これこそ相性の不一致というものです。

今日の世界では、違うものに対する忍耐力が社会的に価値のあるものと思われています。私たちは、まるで受け入れに関する専門家のように、「私たちは、この問題について意見が異なることに同意します」と言うのが好きです。しかし、それは本当にお互いのことを理解し、共通点を見つけようとする気がないのと同じです。あなたの選択や方向性や将来に大きな影響を与えるものについて、意見が異なるということに同意すれば、関係性はうまくいきません。

波動レベルにおいて、自分は重要な問題点で同意しないと認めることは、関係性の自殺行為です。このような理由から、最初の段階で、相性が一致するかどうかを調べるのがとても重要なのです。もしあなたが違う考えを持っていて、痛みを感じる状況を我慢しているようなら、それは分離を望んでいるだけです。

では、共通認識を持つとは、どんな意味なのでしょうか？　それは、二人の波動が一致し、助け合って同じ方向へ向かっているという意味です。それは、同じ知覚的現実に生きるという合意に至ったということです。そして、あなた方二人が理解と合意に到達し、現在向かっている方向について心地よさを感じられるように、自分にできることは何でもするという意味です。そのためには、効果的なコミュニケーションを熱心に行わなければなりません。

◆妥協してはいけない

多くの人にとって〝妥協する〟と言った時、本当に意味しているのは、〝何かを犠牲にする〟ということで、実はそれを望んでいません。そのような妥協は決してうまくいかないでしょう。それは、違う意見であるということに同意するのと同じです。自分にとって重要なものを諦めて、受け入れたくないものを受け入れるようなことはできません。関係性に緊張感を与え、相手に対する憎しみを生み出すことになるだけです。

関係性において、同じ認識を得ようと努力している時、妥協しようとは思わないでください。むしろ、あなた方二人が、それぞれの重要なものを諦めずにすむような方法を見つけるようにしましょう。これを第三の選択肢と呼ぶことができます。お互いを理解し、異なる視点から不調和を見るのが重要なのは、そうすることで、そのテーマについての自分の見方を変えられるかもしれないからです。見方が変われば、否応なしに、異なる選択をして、違う方向へ進むことができるでしょう。

パートナーが自分の見方を話してくれた時、あなたは相手の見方が正しいとハートで感じ、同じ考え方をするようになることがあります。別の時には、あなたの見方のほうが正しいと感じて、パートナーが同じ考え方をしてくれるかもしれません。また、両方が、まったく新しい考え方になることもあります。あるいは、二人の見解が違うので、つながりを終わらせるのが正しいとハートで感じることもあります。つまり、別れるということです。

私たちが共通認識を得ようと決心した時、これらの潜在的な結果を考慮しなければなりません。しかし、二人が一緒にいたいという願望を持っているなら、宇宙はともに拡大する手段として、二人を同じ考え方へと導いてくれる可能性が高いでしょう。

つながりを再構築するには、二人が一緒にいるということに、同意することが必要です。それはまさに宇宙の叡智《えいち》であり、素晴らしいものです。最初にそれぞれが考えていたものよりもよいものを見つけられるように、自分の物の考え方に気づかせ、その枠を広げて見られるようにします。共通認識を得るために、外側の見方を取り入れるのがよいのは、このような理由からです。

関係性の外側にいる人たちは、たいてい当事者である二人には見えない解決法や代わりになるものが見えています。ですから、恐れずに、カウンセラーや他の専門家の助けをお願いしましょう。

共通認識を再び取り戻す方法

あなたの関係性がうまくいっていないようなら、再び共通認識を得られるように、まず自分の人生のどの側面、あるいはどんなテーマが苦しみを与えているかについて明らかにしてください。それから、次のステップを使ってみましょう。

1、あることに関して、あなたは相手と違う考えを持っていると伝えてください。それが何であるかも言いましょう。そして、それについて相手と同じ見解を持つ必要性を感じていると伝え、その理由も言ってください。攻撃したり、守りに入るような対話スタイルはやめましょう。そうではなく、ポジティブで解決を優先するようなやり方であなたの心配を打ち明けてください。

そこから、あなた方二人は、共通認識に戻るという目的で、じっくり考えることに同意しなければなりません。おそらく、あなたのパートナーは賛成するでしょう。なぜなら、相手も、二人がお互いにずれていることに、あなたと同じくらい居心地の悪さを感じているからです。

2、意見の一致に到達しようとしている時、自分が相手の人に勝とうとか相手の人を降参させようとするのではなく、心から合意に至りたいと思い、対話を始めなければなりません。やけを起こさず、自分に正直に話すことが大切です。同時に、相手にも正直な気持ちで話してもらいましょう。最初のゴールはお互いのことを十分に理解することです。

3、ここはあなたの見方を示すところです。今の状況について、自分がどう見ているかを、各自が書き出してみることをお勧めします。本質的に、それぞれがどのような認識を持っているか明確になるでしょう。自分が書いたものを共有することで、両者が一つになり始めることができます。

このワークの一番大切な側面は、この状況でそれぞれが何を望んでいるのか、何を必要としているのかをはっきりさせることです。それをお互いに伝え合いましょう。両者の状況についてもっと気づけるように、できるだけ相手に質問してください。

4、二人に合意をもたらす選択肢をいろいろ考えましょう。ゴールはどちらかが妥協することではなく、二人のニーズを満たすような選択肢（第三の選択肢）や解決法を見つけることでなければなりません。それは、双方にとってよいものである必要があります。そのようにすれば、考えが同じであることのエネルギーを理解できるでしょう。同意によって、両者がともに勝ったように感じなければならないということです。

もし共通認識がなんらかの譲歩を意味しているなら、あなたは、本心からその譲歩をしてもよいと感じているかどうかを確認しなければなりません。そうでなければ、共通認識の状態は数秒間だけで終わってしまい、このワークは無駄なものになります。別の見方や解決法を思いつけるように、このプロセスに他の人たちを招いてもよいでしょう。

◆信頼とは、そもそもどういうものか

〝愛〟という言葉のように、私が〝信頼〟という言葉を使う時、あなたは、それが何を意味するか漠然とした思いを抱いていることでしょう。たとえ正確に何であるか言うことができなくても、それは

あなたが感じることのできる抽象的な概念です。信頼という概念は、私たちの関係性において非常に大きな役割を果たします。

関係性に心地よさを感じるには、相手を信頼できることが必要です。しかし、それは一体どういう意味でしょうか？　ほとんどの人にとって、信頼は重要です。でも、信頼を築くには、具体的に何をすべきなのでしょうか？　これから、そのことについて明確にしたいと思います。このわかりやすい説明を聞けば、あなたの関係性は永久に変わることでしょう。

では、信頼とは、そもそもどんなものなのでしょうか？

「誰かを信頼するとは、自分の最大の利益を得るために、相手に頼れると感じることです」

しばらくこの定義についてじっくり考えてみてください。これは、あなたが信頼とは何かを理解できるように、わかりやすく表現したものです。信頼とは、相手が自分の利益よりもあなたの利益を大切にすることだと、私は言いませんでした。また、信頼とは、あなたが幸せになるように、相手に責任を持たせることだとも言っていません。それは、相手があなたの最大の利益を活用するという事実に立脚しています。これが関係性を価値のあるものにするのです。

私たちが目覚め、物事の見方が拡大していくにつれて、自分にとっての最大利益も変化するということを覚えていてください。しかし、このことを、他人の最大利益についての考えを侵害してもよいという言い訳にはできません。

「あなたは自分にとっての最大利益が何かわかっていない。だから私のやり方で進めます。最終的には、それがあなたの利益になるのだから」とは、絶対に言わないでください。このセリフは、親の多くが子供に言っていることです。実のところ、私たちが信頼できなくなるのは、そのせいなのです。相手を信頼しないことは大きな裏切りだと思っているでしょうが、現実には、不信感の原因は、自分の最大利益が相手のものと対立している時、それについての自分の感情を尊重してくれない相手のほうにあるのです。

これは個人的な状況では抽象的に思えるかもしれませんが、ビジネスの状況で考えてみてください。一つの会社が合併における自分たちの最大利益を提示し、もう一方の会社に対して「あなたは自分の会社にとって何が最善かわかっていません。あなたの会社にとって最善なのは私の提示した条件だと思います。ですから、この欄に署名してください」と言うのを想像してみてください。これは受け入れられるはずがありません。片方の会社は書類をしまって、立ち去るでしょう。合併は不成立です。しかし、個人的な関係では、それほど簡単にはいきません。もっと多くのものが危険にさらされます。ここで、境界線が侵害されたり、不信感が起こったり、拒絶が生まれたりするのです。

このことを例を挙げて説明しましょう。ひと組のカップルがいるとして、その一人のAさんは、出会ったばかりの女性とベッドをともにすることが彼の最大の利益だと決めました。しかし、相手のBさんの最大利益は、Aさんが自分だけのものになり、自分に対して献身的でいてくれることです。これは、Aさんが、Bさんの最大利益を大切に思わなかったという意味です。ですから　Bさんは A さんを信用できません。Aさんは一人が勝ち、もう一人が負けるというゼロサムゲームをしています。Aさんが Bさんのニーズと対立している時、彼は Bさんの最大利益を考慮しておらず、二人の利益が考慮されるように対話しようともしていません。

関係性はつながりです。真のつながりとは重荷ではなく、贈り物です。誰かを愛することは、その人を自分自身として受け入れることです。それは、物質的形態におけるワンネスの経験です。それを経験した瞬間、あなたの幸せは、もはや相手の幸せと分けることはできません。相手を傷つけることは、あなた自身を傷つけることです。ですから、相手の不利益を知りながら、自分の最大利益を重視するということはもうできません。本質的に、あなたが関係性に足を踏み入れ、相手がつながりを与えた瞬間、それは、相手が自分の最も弱い部分をあなたに委《ゆだ》ねたということです。

これを「力を奪うことだ」と言う人もいます。しかし、それはまったく反対のことです。自分の最も弱い部分を委ねるということは、リスクを取ろうとする最も大きな勇気を表す行為です。つまり、あなたという存在の傷つきやすい部分を与え、相手の傷つきやすい部分を受け取るという両方のリスクです。

信頼という考えが嫌いな多くの人は、よい関係性とは、双方が自分自身の幸せに完全な責任を持ち、時々会ってセックスをしたり映画を見たりする関係のことだと考えています。私は、このような関係がうまくいっているのを見たことはありません。これは不信感に基づいた関係で、機能性だけを重んじています。なぜなら、いつも離れていて、相手の最大利益を重視することは期待しないという同意があるからです。

信頼は、しっかり結びついた良好な関係性の基礎となるものです。このような関係において、二人の人は、自分たちは一つなので、自分自身の最大利益だけでなく、パートナーの最大利益にも責任があるということに同意しています。

多くの場合、関係性の崩壊とは、信頼が壊れたことを意味します。幸いなことに、関係性における信頼が崩れたとしても、それは再び築くことができるのです。もしあなたが誰かの信頼を失ったなら、その信頼を取り戻すことは可能です。相手に対して、あなたが彼らの頼りになることを示してください。さらに、彼らがあなたの最大利益を心から重視するという思いを示したなら、勇気を出して自分の最大利益という弱さを相手の手に委ねることで、信頼を取り戻せるでしょう。

関係性における信頼を築いたり、取り戻したいと思うなら、何かを口に出したり、行動を起こしたりする前に、その言葉や行動が相手の最大利益と一致するかどうかを自問してください。もし彼らの最大利益と反対のものであるなら、彼らはあなたのことを信頼しないでしょう。

真に安定し、長続きするよい関係性は、二つのコミットメントを基に成り立っています。

一つ目は、相手とのつながりを維持するために、あなたのすべてのエネルギーを注ぐことです。それは、「私は自分のすべてを懸けています」というコミットメントです。

二つ目は、関係性において信頼を築くというコミットメントです。それは、本質的に、「あなたの最大利益を私のものとして受け入れると約束します」というものです。もし二つ目がなく一つ目のコミットメントだけであれば、それは相手を苦しみの関係性の中に陥れるでしょう。もし一つ目がなく二つ目のコミットメントだけであれば、関係性に何らかのプレッシャーが与えられるたびに、相手は別離の危機を感じて不安になるでしょう。

自分のすべてを懸けて、相手の最大利益が何であるかを見つけられるだけ、その人と親密になれるように全力を注いでください。相手の最大利益を自分自身の最大利益として受け取ってください。もしあなたが関係性を持っているなら、相手の最大利益を重視することが常にあなたの最大利益に含まれ、相手にとっても同様のことが言えるでしょう。

◆人間にはスキンシップが必要である

人は、自分の生物としての限界を乗り越えることに取り憑かれています。今日の世界を見渡せば、現代社会は、まさにこの例と言えるでしょう。

宗教は、私たちの中にある性的関心や空腹感のような本能的エネルギーのすべてを抑圧しているように思えます。現代社会で、私たちは、30歳から40歳くらいで、精神的、情緒的に赤ん坊を持つ準備ができます。けれど、その年齢では、身体の生殖能力はすでに下降傾向になっているのです。

私たちの社会は、不死になる方法を見つけることに夢中です。私たちを人間としているすべてのものを超越したいと思っているのです。しかし、つながりということになると、生物としての自分を超えようとすれば、本当に困ったことになるでしょう。なぜなら、分離や恥、恐れ、そして愛でさえ、私たちが乗り越えられない本能的なレベルで起こるものだからです。同時に、社会は、私たちが、これまで経験したトラウマの結果として、独立性を好むほうへ大きく揺れています。

私たちは、お互いがいなくても存在できると思いたいかもしれませんが、実はそうではありません。健全な自律性は、安全性や適切さの感覚がない人には起こりえません。そのような感覚は、人としての学習されたつながりの感覚を通して与えられます。接触による快適さやつながりに対して、私たちの身体が放出する物質（ホルモンなど）は、恐れや恥に反応して放出されるものと正反対です。ですから、私たちは、つながりが解毒剤《げどくざい》のようなものだということを受け入れる必要があります。自分自身について、この事実を受け入れるのが早ければ早いほどよいでしょう。

私たちは社会的な種族です。そして、それ以上に、接触による温もりを必要とする社会的な種族です。そうです、私はスキンシップについて話しているのです。

私は、1950年代にハリー・ハーロウという研究者が行った一連の実験のことが忘れられません。彼は、人間の愛へのニーズと、それが霊長類と人間の両方の発達で果たしている重要な役割を理解したいと思いました。そこで、彼はアカゲザルの赤ちゃんたちが生まれた時、赤ちゃんのグループを母親から引き離したのです。

赤ちゃんザルは一匹ずつ実験室の檻の中に入れられ、実験室にいる人間や他のサルたちを見ることはできましたが、身体的接触は許されませんでした。すると、赤ちゃんザルはすぐに、極度の不安を示し始めました。自分自身を爪で引っ掻いたり、身体を揺り動かしたり、まるで解離状態のように宙をじっと見たり、自分や檻に噛み付いたりしたのです。彼らは遊んだり、自分の毛づくろいをしたりせず、不安と絶望の間で揺れ動いているように見えました。

それから、赤ちゃんザルは、二つの偽《にせ》の代理母を与えられました。一つは、鉄の網で作られ、柔らかな布で包まれた、どうにかサルに見えるようなものでした。この偽の代理母は赤ちゃんに食べ物を与えることはできませんでした。もう一つの偽の代理母も鉄の網で作られていましたが、こちらは布で包まれていません。それはワニのような頭を持ち、くくりつけられた哺乳瓶からミルクを与えることができました。

その結果、赤ちゃんザルが、布で包まれた母親を好んだという表現は、かなり控えめのものだと言えるでしょう。これらの赤ちゃんザルが触れることで受け取った温もりは、身体的な空腹と比較にならないほど大きなものだったのです。彼らは、栄養よりもつながりを必要としていました。

これは、サルだけでなく、人間にも言えることなのです。もし栄養へのニーズが、つながりのニーズよりも強力なら、自分の愛する人とつらい別離を経験した時、食べることも寝ることもできなくなるということはないでしょう。

人間として、私たちはつながりを必要としているというのが現実です。私たちがつながりを必要としなくなるということは決してありません。それ以上に、私たちは、スキンシップのニーズを満足させるために、接触による温もりを必要とします。他人とのつながりをとても恐れ、傷つけられた人々でさえ、それを必要としています。ものすごく孤独で、ひどく傷ついた人たちが、深い苦悩を経験しているのはこのような理由からです。

もしまったくつながりが必要なく、他人に傷つけられたなら、単に我が道を行き、二度と誰にも話しかけないでしょう。しかし、私たちはそうすることができません。むしろ、他人に傷つけられたなら、他人を必要とする自分の側面と、他人と関わらなくてすむことを望む自分の側面の間で、苦しい綱引きをしながら生きることになります。

◆スキンシップの代わりとなるものはない

今日の世界では、私たちはテクノロジーの虜《とりこ》になっています。どこへ行っても、お互いに心から関わり合っている人たちを見つけるのは難しいでしょう。ほとんどの人は、むしろハイテク機器とどっぷり関わっています。彼らはコンピュータや携帯電話に没頭しています。ソーシャルメディアは、私たちがどこにいようと、世界中の人たちとつながることができる素晴らしいチャンスを提供してくれますが、それはある程度までのつながりにすぎません。

実際に、私たちは単なる機械を超えるものが必要です。私たちは、最初の息をした時から、最後の息をする時まで、そのニーズを持っています。私たち人間が接触による温もりを必要としなくなる日などやってきません。身体的なつながりが何か別の物と置き換わることなどなく、その重要性を軽視するべきではありません。私たちは、画面を通して、あるいは遠距離から身体的な接触を得ることはできないのです。私たちは、お互いの身体的接触で感じる心地よさを必要としています。自分の生活でつながりを築こうとしている時、このことを考慮しなければなりません。

あなたにとって、触れることが過去の痛みを引き起こすものなら、あなたが信頼できる人と一緒に、時間をかけてあなたの生活の中で触れるという行為を取り戻せるようにする必要があります。日々の生活に接触の温もりを与えるため、まずソマティック・エクスペリエンス（「身体感覚」に注意を向けるトラウマセラピー）のようなものを試してみる必要があるでしょう。虐待のせいで、愛情のないタッチが私たちの傷の一部になっているようなら、そのようなリハビリが必要かもしれません。

接触による温もりは、性的なものである必要はありません。相手の隣に座り、自分の身体に寄りかかっている相手の身体を感じるだけで十分です。私たちはハグし、手を握り、優しく撫でて愛情を示したりできます。これらはすべて、つながっている感覚を高め、恐れの感情を少なくする接触の例です。私たちはそのようなチャンスを見つける必要があります。

それから、この経験が自分の生活の一部になるようにすることが必要です。そして、生物としての自分の側面と闘うことは無駄だということを受け入れなければなりません。私たちがお互いから接触の温もりを必要としなくなる日など訪れません。私たちの健康や幸せは、お互いのためにこのニーズを満たせるかどうかにかかっているのです。

◆愛を受け取り、つながりを感じる

伝説的なスーフィー（イスラーム神秘主義）の神秘家ルーミーは、「あなたの仕事は愛を求めることではなく、あなたが愛に逆らって自分の中に築いてしまった障害すべてを見つけ出すことだけだ」と言いました。あなたは、誰かがほめてくれた時、まるで鎧《よろい》をつけているかのように、そのほめ言葉があなたの身体に浸透し、よい気持ちにしてくれるのを許していないのかもしれません。

この経験が示しているのは、たとえ何かが与えられたとしても、それを受け取っていない可能性があるということです。つながりや愛についても同じことが言えるでしょう。人々が私たちに与えるさまざまなポジティブなものは、愛という範疇《はんちゅう》に入れることができます。注目は一つの愛の形であり、贈り物も助けも同じです。そのリストは永遠に続きます。

このような贈り物を受け取れない時、私たちが認めなければならないのは、自分が愛を受け取ることができないということです。それは、無条件に愛された経験がないからでしょう。私たちの経験では、常に愛は条件付きのもので、受け取ることにも条件がついていました。それが警戒心を与えてしまい、つながりを感じることができないのです。

もし愛やつながりを信じられず、警戒しているようなら、それが目の前に現れた時、あなたがそれを信じて、心の扉を開くことはないでしょう。信頼すると決心して、そうできるわけではありません。

そして、自分自身に対して、そうすることを期待するのは不公平です。他人があなたの最大利益のことなど本当は考えていないのを何度も何度も目にし、信頼するということを学べなかったのですから。もしあなたが、「私は、この愛を信じます」と言えば、自分に対して嘘をついていて、あなたの中で「自分はどうしようもないバカだ」と言っていることでしょう。もし愛の受け取り方を学びたいなら、いわば、海のようなものを感じてみたいという好奇心や願望ややる気を持って取り組まなければなりません。

愛を受け取り、本当につながりを感じるための最初のステップは、あなたが愛を受け取る時の障害物を理解することです。受け取ることが難しいという人たちにとって、最大の障害物は、与えてくれる人の動機に対する不信感です。相手の動機を信頼できなければ、自分のガードを弱めた時に起こる結果を恐れてしまい、心を開いて受け取ることができません。

本当の贈り物では、その背後の動機が純粋である必要があります。受け取ることに困難さを感じているほとんどの人にとって、子供時代にいた大人たちは、純粋にのびのびとしたやり方で、愛を与えてはくれませんでした。それどころか、彼らは私たちを傷つけたのです。そのせいで、私たちは愛がわからず、感じられなくなりました。また、愛やつながりを与えられても、それを心地よく感じるのではなく、動揺したり、自分の弱さを感じてしまうようになったのです。

自分自身を愛してもらい、ありのままの自分を尊重してもらうことが、親や他の大人たちから言われた「あなたには欠点がある」という判断を打ち砕くことになるでしょう。残念ながら、あなたが受け入れてしまった「自分には欠点がある」という大人たちの信念は、彼らのあなたへの接し方を正当化し、あなたは自分が値するだけの愛を受け取ったと信じるようになりました。

自分自身を愛してもらい、ありのままの自分を尊重してもらうためには、自分が無条件に愛されなかったという現実を認めなければなりません。そう認めた瞬間、次のような恐れが強化されるでしょう。つまり、自分が特定の感じ方や考え方をしたら、無視されたり、見捨てられたり、置き去りにされて死ぬかもしれないという恐れです。ですから、愛を受け取ることは、死のリスクと同じくらいぞっとするような過去の現実に直面することなのです。

受け取ることができない人々は、助けに関して特に悪戦苦闘しています。彼らは助けを頼まず、助けを受け取ることもあまりありません。それは助けが存在しないからではなく、世の中は自分に冷たいと感じているからです。彼らは、自分の望むものを得るには、一人で苦しい闘いをするしかないと感じています。この思い込みのせいで、助けが与えられた時でさえ、それが見えないのです。もし提供された助けが見えたとしても、それを信頼せず、何か危険な動機が隠れているに違いないと思うでしょう。言い換えれば、助けを装った障害物に過ぎないと思ってしまいます。心の奥で、自分は助けを得るのに値しないとか、助けを与えられるのは自分が無能だからと感じているのです。

◆あなたにはどんな障害物があるか

愛を受け取り、本当のつながりを感じることを邪魔している内なる障害物がたくさんあります。最初にお話しするのは、人々が何かをくれた時、相手が自分に対してパワーを持っており、自分が弱い存在のように感じることです。人々が目的を達成するために愛を用いた時、私たちはこのように感じます。愛が罪悪感や義務感や恩義のようなものと一緒にやってくれば、私たちは受け取ることを躊躇します。もしこれがあなたの障害物であるなら、あなたの世界にいた大人たちは、愛とはトロイの木馬のようなもので、いつもネガティブなものが内部に隠されていると教えたのでしょう。

愛を受けることへのもう一つの障害物は、自分には価値がないと感じることです。親が愛情の欠けているやり方で接していた場合、私たちは自分に悪いところがあるという結論に達します。何か本当に悪いところがない限り、なぜこのように扱われるのかと思うからです。このようにして、自分は、誰かに愛されるのに十分よい存在だと感じられなくなるのです。

この場合には、根本的なレベルで、自分は愛を受け取る価値がないと感じています。このような人は、愛されるには、愛を勝ち取るか、何かを達成しなくてはならないと考えます。愛を得るのにふさわしいだけ何かを獲得しなければ、私たちには悪いところがあるので、宇宙に罰せられるだろうと思っているのです。

誰かが与えているものにふさわしくなるため、自分が何をしたのか理解できなければ、私たちはうろたえるでしょう。愛やつながりを持つのに値しないと苦しんでいる人には、「自分が値しないようなものを受け取って、何が悪いのだろうか?」と、自問してみてほしいと思います。

受け取ることへの別の障害物は、〝相互のやり取り〟という考えです。つまり、何かをしてもらったら、必ずお返しをするということです。もし相互のやり取りが当然と思っているなら、愛とは平等でなければならないと、あなたは信じているでしょう。聞こえはいいですが、これは愛の働きを誤解したもので、しかも正当な理由があるわけではありません。誰かが何かをくれた時、意識的に、あるいは無意識に、「お返しに何をあげたらいいだろうか?」とか「どうやって借りを返せばいいだろうか?」と考えているようなら、あなたは受け取ることへの障害物を持っているということです。

喪失を恐れているなら、これも愛を受け取ることの障害物になります。受け取ることができない一般的な理由は、以前に、愛する人あるいは誰かの愛を失った経験があるということです。

私たちにとって最も苦しい経験の一つは、愛を手に入れて、それを失うことです。その理由は、相手があなたを非難したり、あなたに背を向けたり、あなたとの関係を断ったり、亡くなったりしたなど、いろいろでしょう。それがどんな理由であろうと、その経験によって傷を負い、私たちは、潜在意識のレベルで、また失うことを経験するくらいなら、もう二度と愛はいらないと決めました。取り上げられるかもしれないものは、最初から受け入れないほうがいいと思ったのです。

このような障害物を理解したら、あなたが受け取ることに背を向けているやり方について理解しましょう。

次に、愛を受け取ることに背を向けている例を挙げましょう。

自分がまず与えて、他人から何かを受け取る。
誰かがハグしてくれると、コチコチになる。
他人に対して、心を閉ざしている。
話題を変えて、自分に対する注意をそらしている。

四つの例しか挙げませんでしたが、人々が受け取ることに背を向けるやり方は数えきれないだけあるはずです。もし受け取ることが難しければ、「どうして私は受け取ることや愛や助けに背を向けているのだろうか？」と自問してみてください。どうして愛と闘おうとしているのだろうか？

何らかのやり方で、すべての人が愛を得なければならないことに気づくのが大切です。もし受け取ることができなければ、裏口から入ろうとしているかもしれません。つまり、何かを得るには与えなければならないと思っているので、愛を得ようとして他人を助けたり、あるいは、自分が一番よく見えるようにしたり、成功を手にしようとしたり、ものすごく親切な行為をしたりしているということです。愛を得るために、あなたはどんなことをしているでしょうか?

◆受け取り方を学ぶ

受け取ることの学びは、三つの基本的なステップで始まります。最初のステップは愛に気づくこと、二つ目は愛を自分の中に受け入れること、そして、三つ目は愛を手放さないことです。

では、最初のステップについて説明しましょう。

愛やつながりに気づくために、自分を野鳥の観察者だと思ってください。ただし、ここでは、愛やつながりを観察します。一日中、自分に与えられた愛に目を配り続けましょう。それを数えて、記録をつけてください。他の人に頼んで、あなたが愛やつながりを識別するのを助けてもらってください。自分で気づけなければ、友人にあなたを観察してもらいましょう。友人は、あなたが気づけるように、「あの人は、あなたとつながろうとしている」とか「私はあなたにつながろうとしている」と言ってくれるはずです。

以前、私は友人の助けを借りて、愛に気づくことができました。その日、ある人が私に長い抱擁をしてくれました。いつものことですが、私は無意識のうちに、その抱擁にたじろいだのです。すると、私の友人が、「それは愛ですよ」と、そっと囁きました。彼女の助けがなければ、私は、その行為が愛だとはわからなかったでしょう。

同じように、あなたも気づかないかもしれませんが、人々は、さまざまなやり方で、つながりや愛を提供してくれます。たとえば、贈り物をくれたり、助けてくれるというような小さい行為を通して優しさを示します。また、ほめ言葉をくれたり、ともに過ごしてくれたり、同じ経験をしたいと思ったり、話しかけたりします。毎回このようなことをすることで、つながるための努力をしているのです。私たちは、その努力を無視したり、それと闘ったり、あるいは、相手が私たちと心を通わせようとしていることに気付きさえせずに、過ごしてしまっている傾向があります。

あなたが愛やつながりに気づいたら、次にすべきことは、自分の中に愛を受け入れることです。そのために、身体の経験として愛を感じるようにしてください。つまり、頭ではなく、身体の中でそれを経験することに集中するのです。その感じの中でしばらく過ごしましょう。

誰かがあなたに愛を示したり、あなたとつながっている時、あなたの身体の中で、その経験を深く感じてください。「もし～を感じることができたら、それはどのような感じがするだろうか?」という質問で始めましょう。

では、自分自身に対して、「もしそのほめ言葉を感じたり、相手が自分のそばにいるのを感じたりできたら、それはどんな感じだろうか?」と尋ねてください。真実で確かな愛を受け入れた感覚は、あなたの身体のどこにありますか?　私がこの質問をするのは、あなたの胸は抵抗していても、両手や膝がそれを望んでおり、受け入れているかもしれないからです。

愛やつながりを受け入れた感覚をあなたの身体の中へ広げていってください。つまり、あなたの手が愛を望んでいて、それを受け入れているのが明らかになったら、意識的に、その感覚を身体の隅々まで広げていくイメージをしましょう。その心地よさや、愛の豊かな感じにしばらく浸っていてください。この感覚を長く経験すればするほど、それはもっとあなたの頭に深く染み込み、将来それを受け取ることが容易になるはずです。

愛のこもった行為を受け取るもう一つのよい方法は、それを受け入れているのを意識的にイメージすることです。誰かが贈り物をくれたら、目を閉じて、そのエネルギーをまっすぐハートに持ってくるイメージをしましょう。もし誰かがあなたを褒めてくれたら、深く息を吸って、そのほめ言葉をあなたの中心へと吸い込んでください。誰かが抱きしめてくれたら、その抱擁があなたの隅々まで行き渡るのを想像しましょう。愛を受け入れるために、あなたの持つ障害物を心の中で取り除いてください。

愛とつながりが感じられるようになったら、それをしっかりつかまえておく必要があります。愛は束の間のもので、つながりは常に壊れていくもののように感じている人もいるでしょう。まるで、私たちの中にいくつかの穴が空いていて、愛が入った瞬間に漏れていくみたいにです。また、つながりの鎖の結び目が、ほんの少しの圧力に反応して、だんだん外れていくような感じです。

このように感じた時、私たちは、自然な傾向として身を引いてしまうでしょう。しかし、その瞬間、愛を受け取る能力に蓋《ふた》をして、自分の中にあった愛の蓄えがすべて流れ出てしまうのです。ですから、そのような時でも、愛から身を引き、孤立するのではなく、つながりを求めるようにしてください。そうすれば、内側にある愛の容れ物が、砂漠の真ん中にある井戸のようにはならないでしょう。

愛を手放さないためのもう一つのよい方法は、愛を思い出させてくれるものを自分の近くに置いておくことです。たとえ、誰かが亡くなったり、誰かと別れたとしても、あなた方二人の愛は実在しました。時間の経過や状況の変化で、その愛が無効になるわけではありません。あなたが愛されたことを思い出させてくれるものを考えましょう。それは写真ですか、それとも品物ですか、言葉ですか?それが何であろうと、よく見える場所に置いておきましょう。これは、その愛が不十分なものではなく、はかないものでもないという目に見える証拠となるはずです。

あなたの人生に、永遠である愛は存在していますか? 自分の周りに、それを思い出させるものをいつも置いていてください。誰かが愛から出て行っても、他の人がその場所を埋めて、あなたにさらによい愛を与えてくれることがあるかもしれません。その可能性に心を開いていましょう。

◆つながりを深める大切な質問

あなたの人とのつながりには、ある程度の変化があるでしょう。たとえば、他の日よりも、相手と近く感じる日があるかもしれません。自分の人生における大切な人たちとのつながりをいつもより感じられなければ、孤独感がやってくるかもしれません。このような時には、自分に対して次のような大切な質問をしてみてください。それは、「この人物を身近に感じるために、私は何をする必要があるだろうか?」という質問です。さらに、相手の人に、「あなたにとって、私をもっと身近に感じるために必要なものは何ですか?」と尋ねてもいいでしょう。

この質問に対する答えは、ほとんど無限の数だけ存在します。たとえば、「私について、このことを理解してもらう必要があります」「一緒に住み始めることが必要です」「私の感じ方を否定するのをやめてほしいです」「もっとスキンシップが必要です」のようなものかもしれません。

この質問をすることで、もっと深く安全なつながりへの道が自ずと明らかになることに驚くでしょう。たいていの場合、二人とも親密さがないと感じている領域に向き合わなければならなくなります。

この質問をして、答えを得たら、お互いが、それについて一緒に何かをすることができるでしょう。たとえを挙げれば、もしあなたが痛みを感じているとわかっても、その原因がわからなければ、それについて何かをするのはほぼ不可能です。でも、自分の腕が折れているという理由で痛みを感じているとわかったら、それについて自分にできることが明らかになります。

ステップの最中で、あなたをより身近に感じるために、相手が何をするべきか教えたくなければ、それはなぜなのかを自問しなければなりません。何らかの理由で、自分が望んでいると思う親近感を、あなたの一部が望んでいないからなのか、それとも、あなたを身近に感じるために相手の必要とするものが、トリガーになりそうだと感じるからなのかを考えましょう。

関係性でお互いが衝突した時、「相手を身近に感じるために、自分がする必要のあることは何だろうか?」という質問をそれぞれがすべきです。もし誰かと親密でしっかりしたつながりを持ちたければ、この質問を日常的に行うことをお勧めします。たとえば、カップルがこの質問を毎日一回お互いに尋ねることにしたり、両親が一週間に一度子供に尋ねることにしたり、友人同士が一ヶ月に一度この質問をお互いにしてみる、というようにです。相手から自分の必要なものが得られると感じるかどうかにかかわらず、お互いが必要としていることを本当に知ることができるでしょう。

親密さやつながりの最もよいことの一つは、相手がもっとつながりを感じるようになれば、私たちももっとつながりを感じるようになるということです。ですから、もし誰かとの親密さを望むなら、それを得るための一番早い方法は、相手が自分を身近に感じるのに必要なものを与えることです。

あなたのつながりを強固で、信頼できるものにすることに注意を集中してください。あなたと人々との絆を維持することに責任を持ちましょう。つながりを断つようなことはせず、不和が起こったらすぐに修復してください。関係性に対して、あなたと同じくらいのコミットメントと勇気を持ちたいと考えている相手を選びましょう。

この地球上で、あらゆるレベルでつながることができる人と一緒にいることほど素晴らしい経験はありません。それは全員に共通する幸せの源です。人間にとって、つながり以上に必要としているものはありません。つながりを見つけるのに、若すぎたり、歳をとりすぎているということなどはありません。

つながりは、空間や時間に関係なく、どこでも、いつでも見つけられるものです。それは誰かの魂を目にし、耳を傾け、感じることができるという贈り物です。そして、もしあなたにそれを与え、受け取る勇気があるなら、それはお互いへの贈り物になるでしょう。

◆終わりに――愛する勇気を持つ

私たちはこの世に生まれ、苦しみを通して学びます。私たちの素晴らしさ、私たちの目的、私たちの拡大は、苦難という炎の中で作り上げられます。

職人が鉄を鍛えるように、苦しみが私たちのザラザラした荒い部分を取り除いて、十分に花開かせてくれるのです。その時、私たちの魂が、水のようにあらゆる思考や言葉や行動の中へと流れ込むでしょう。それが、私たちの苦悩の炎を消し去ります。そして、私たちの不幸の源を恵みへと変えてくれます。私たちは自由になるのです。

この世のすべての苦悩は、ある種の分離から生まれます。この人生やこの世界へのイニシエーション（正式な一員となること）は、分離を通してなされます。つまり、それは私たちの源からの分離であり、私たちの本質からの分離、母親からの分離、自分自身からの分離、自分が恐れているものや愛しているものからの分離です。その結果、私たちは孤独の中にいる自分自身を見つけるでしょう。

私たちはつながりへ戻る方法を見つけるために、分離を通して導かれます。苦痛に直面するたび、自分が人生の岐路に立っていることに気づくのです。私たちは何を選択するでしょうか？　自分の中に閉じこもり、そうすることでもっと分離することを選ぶのでしょうか？　それとも、心を開き、自分自身や他の人々と協力し合うという選択をするのでしょうか？

あらゆる瞬間に、閉じるか、それとも開くかという選択が存在しています。

あらゆる瞬間が、分離するか、それともつながるかという選択を求めています。

あなたの周りで、開くことを選択した人たちを見つけてください。あなたの人生で、つながりの道を選んだ人たちを見つけてください。そして、あなたと手に手をとって、一緒に世の中を歩いてもらいましょう。

勇気を出してつながってください。愛する勇気を持ってください。

この世界では、勇敢にならざるをえません。
私たちの臆病さは何の救いにもなりません。
どんなに注意深くしていようと、あなたはいずれ死ぬでしょう。
そして、無事に死にたどり着くかもしれませんが、
人生を思い切り生きなかったという
真の敗北感が残ります。
自分の臆病さに負けてしまい、
人生を全力で生きることができなかったからです。

地球上のはるか遠くの砂漠で、一輪の花が咲き
その花は、自分の弱さを世の中へ表します。
その行為の中にこそ、その花の強さが存在しています。
臆病者は、愛を手に入れることはできません。
ですから、自分よりも偉大なものが存在すること、
神が存在する証拠も得られはしないでしょう。

この世界では、勇敢にならざるをえません。
私たちの臆病さは何の救いにもなりません。
ですから、どうか勇気を出して、愛してください。

ここは地球です。
私たちは地球に生きているのです。

『地球』

私たちは地球に生きています。
呼吸し、一歩前進するごとに、死のほうへと近づいています。
ここは、苦しみによってのみ、平和を感じられる血にまみれた場所です。
この世界では、勇敢にならざるをえません。
臆病さは何の救いにもなりません。
この世界では、汗を流しながら、
今この瞬間を全力で生きるしかないのです。

宇宙では、無数の生命が、目的地もわからずに、
高速で回転しています。
私たちが信頼できるのは、自分の真っ赤な血の色と、
しょっぱい涙の味だけです。
ハートは壊れてしまい、それでも鼓動し続けます。
愛だけが、神が存在しているという唯一の証拠です。
それは、私たちよりも偉大なもの、
そして、私たちが人生でやみくもに探し回っているものです。

◆訳者あとがき

本書は、『The Anatomy of Loneliness: How to find your way back to connection』（孤独の構造――真のつながりを取り戻す方法）』の翻訳です。

著者のティール・スワンは、生まれながらに並外れた超感覚を持ち、子供の時から10年以上もカルト集団から精神的・肉体的虐待を受けるという過酷な経験をしたことで知られます。そのティール・スワンが、なぜ「孤独」をテーマにした本を書いたのでしょうか？　おそらく彼女の子供時代は、外から見れば幸せでしたが、内側はずっと孤独に苛まれていたからでしょう。自分の持つ超感覚的な能力も、カルト集団からの虐待も、すべて自分の内側に秘め、誰にも理解されずに、一人ぼっちの孤独感の中で成長したのです。そして、著者自身が本書の「はじめに」で語っているように、スピリチュアルリーダーとして有名になった後、予想に反して、ますます誰も本当の自分を見てくれなくなったという孤独感に苦しみました。

本書で取り扱う「孤独」とは、他の人たちと一緒にいても感じるような深い孤独感です。特に、家族や友人たちといる時に、「誰も自分のことをわかってくれない」「自分の居場所がない」と感じるどうしようもない寂しさです。

ティール・スワンによれば、このような深い孤独感は、本当の自分とのつながりが断たれているために生まれます。つまり、深い孤独感は、自分を偽って生きていることのサインとも言えるでしょう。

本当の自分を知らずに、他人と真に心が触れ合うようなつながりを築くことはできません。本書では、このような孤独感の仕組みを深く理解し、「本当の自分とは？　自分にとって何が幸せなのか？」ということを理解するための作業に取り組みます。

ティール・スワンの大切にしている言葉が、「オーセンティック（本来の自分であること）」です。有名になると、自分の恥ずかしい部分は隠してしまうリーダーが多い中で、彼女は著書でもブログでも、常に自分をさらけ出し、すべてを明らかにしている稀有な人です。

私は、実際にお会いしたことはありませんが、メールのやり取りなどを通して、これまで接した著者の中で、最も裏表がなく、あらゆることに対して真摯に向きあっている人のように感じています。今回の翻訳でも、わからないところなどいろいろ質問した際、まったく嫌な顔はせず、打てば響くように答えが返ってきました。さらに、私がなぜそのような質問をしたのかというところまで感じ取り、個人的なアドバイスを送ってくれたのには驚きました。自分自身でも気づいていなかった側面を指摘され、さらにそれに対する取り組み方まで書かれていたのですから。最初はショックや怒りなどさまざまな感情が湧いてきましたが、今は、敢えてそうしてくれた彼女の優しさに感謝するばかりです。

もし「孤独」について悩んでいるのであれば、ぜひ本書を読んでみていただきたいと思います。なぜなら、この本の中には、想像を絶するような孤独を生き抜いてきた彼女が見つけ出した「孤独」と「真のつながり」の処方箋が載っているからです。

ティール・スワンは、ぜひ日本の読者に読んでほしいという思いを込めて、本書を書き上げたそうです。今回、こうして日本の読者の方々へ届けられることを大変嬉しく思います。
最後になりますが、まだ日本で無名に近いティール・スワンの翻訳を決断してくださった徳間書店の橋上祐一さまにお礼を申し上げます。

令和元年　秋

奥野　節子

著者

ティール・スワン *Teal Swan*

精神世界に新風を吹き込む、世界的なスピリチュアルリーダー。
生まれながらに透視、霊感、霊聴などの並外れた超感覚を持っていたために、6歳から19歳で逃げ出すまで、カルト集団に囚われ精神的・肉体的虐待を受けた。自由の身になってからは、トラウマ的な過去を乗り越えて自分を愛するためのワークを続け、現在は、ワークショップやインターネット動画、出版物やアート作品を通して、自分が学んだことを多くの人たちと分かち合っている。

The Anatomy of Loneliness

First published in the UK and USA in 2018 by Watkins, an imprint of Watkins Media Limited
www. watkinspublishing.com

Japanese translation published by arrangement with Watkins Media Limited
through The English Agency (Japan) Ltd.

訳者
奥野節子 *Okuno Setsuko*
北海道生まれ。高校の英語教師を経て、ジョージ・ワシントン大学大学院修了。訳書に、『エンジェル・ガイダンス』『「自分のための人生」に目覚めて生きるDVDブック』(ダイヤモンド社)、『喜びから人生を生きる!』『もしここが天国だったら?』『自分を愛せなくなってしまった人へ』(ナチュラルスピリット)、その他多数がある。

なぜ「孤独感」を感じてしまうのか
あなたの魂を癒やす自己カウンセリングとワーク

第1刷　2019年11月30日

著　者　ティール・スワン
訳　者　奥野節子
発行者　平野健一
発行所　株式会社徳間書店
　　　　東京都品川区上大崎3-1-1 目黒セントラルスクエア
　　　　郵便番号141-8202
　　　　電話 編集(03)5403-4344　販売(049)293-5521
　　　　振替 00140-0-44392
印　刷　株式会社廣済堂
製　本　ナショナル製本協同組合

ISBN978-4-19-864974-6